LE NOM DE DIEU
EST MISÉRICORDE

Pape François

LE NOM DE DIEU EST MISÉRICORDE

Conversation
avec Andrea Tornielli

Traduit de l'italien
par Marguerite Pozzoli

Suivi de
Misericordiae Vultus
Bulle d'indiction du jubilé
extraordinaire de la Miséricorde

Robert Laffont / Presses de la Renaissance

Titre original : IL NOME DI DIO È MISERICORDIA.
UNA CONVERSAZIONE CON ANDREA TORNIELLI
DE JORGE MARIO BERGOGLIO, PAPA FRANCESCO

www.edizpiemme.it

Traduction française : Éditions Robert Laffont, S.A., Paris, 2016/
Presses de la Renaissance, Paris, 2016

ISBN 978-2-221-19214-6
Édition originale : 978-88-566-5314-4

Il dit encore, à l'adresse de certains qui se flattaient d'être des justes et n'avaient que mépris pour les autres, la parabole que voici : « Deux hommes montèrent au Temple pour prier ; l'un était pharisien et l'autre publicain. Le pharisien, debout, priait ainsi en lui-même : "Mon Dieu, je te rends grâces de ce que je ne suis pas comme le reste des hommes, qui sont rapaces, injustes, adultères, ou bien encore comme ce publicain ; je jeûne deux fois la semaine, je donne la dîme de tout ce que j'acquiers." Le publicain, se tenant à distance, n'osait même pas lever les yeux au ciel, mais il se frappait la poitrine, en disant : "Mon Dieu, aie pitié du pécheur que je suis !" Je vous le dis : ce dernier descendit chez lui justifié, l'autre non. Car tout homme qui s'élève sera abaissé, mais celui qui s'abaisse sera élevé. »

Luc, XVIII, 9-14[1]

---

1. Bible de Jérusalem, Éditions du Cerf, 1973.

Au lecteur

LE REGARD DE FRANÇOIS

Le dimanche 17 mars 2013, dans la matinée, François célébrait sa première messe en public, après avoir été élevé au rang d'évêque de Rome le mercredi soir précédent. L'église Sainte-Anne – tout près de la porte du même nom qui donne accès au Vatican, le plus petit État du monde –, l'une des paroisses du quartier de Borgo Pio, était pleine à craquer de fidèles et je m'y trouvais moi aussi, en compagnie de quelques amis. À cette occasion, François prononça sa deuxième homélie en tant que pape, dans un discours préparé mais non lu : « Le message de Jésus est la miséricorde. Pour moi, je le dis humblement, c'est le message le plus fort du Seigneur. »

Le souverain pontife commentait le passage de l'Évangile selon saint Jean où il est question de la femme adultère que les scribes et les pharisiens s'apprêtaient à lapider, comme le prescrit la loi mosaïque. Jésus lui avait sauvé la vie. Il avait demandé à celui qui se croyait sans péché de jeter la première pierre. Tous étaient partis. « Moi non plus je ne te condamne pas ; va, et dorénavant, ne pèche plus » (Jn, VIII, 11).

En se référant aux scribes et aux pharisiens qui avaient traîné devant le Nazaréen la femme à lapider, François avait dit : « Vous aussi, parfois, vous prenez plaisir à frapper autrui, à condamner autrui. » Le premier, et le seul pas requis pour faire l'expérience de la miséricorde, ajoutait le pape, consiste à reconnaître que l'on a besoin de miséricorde. « Jésus est venu pour nous, quand nous reconnaissons que nous sommes des pécheurs. » Il suffit de ne pas imiter le pharisien qui, devant l'autel, remerciait Dieu de ne pas être un pécheur « comme tous les autres hommes ». Si nous agissons comme ce pharisien, si nous nous croyons justes, « nous ne connaissons pas le cœur du Seigneur, et nous n'aurons jamais la joie de sentir cette miséricorde ! » expliquait le nouvel évêque de Rome. Celui qui est habitué à juger les autres parce qu'il se croit irréprochable, celui qui se considère comme juste, bon et honnête, n'éprouve pas le besoin d'être embrassé et pardonné. En revanche, il y a ceux qui ressentent ce besoin mais qui se croient perdus, à cause de tout le mal qu'ils ont commis.

François avait raconté, à ce propos, une conversation qu'il avait eue avec un homme, lequel, en s'entendant adresser cette parole sur la miséricorde, avait répondu : « Oh, mon père, si vous connaissiez ma vie, vous ne me parleriez pas ainsi ! J'ai commis des choses terribles ! » La réponse avait été : « Tant mieux ! Va voir Jésus : Il aime qu'on Lui raconte ces choses-là ! Lui, Il oublie. Il a une faculté d'oubli très spéciale. Il oublie, Il t'embrasse, Il t'étreint et te dit seulement : "Moi non plus je ne te condamne pas ; va, et dorénavant, ne pèche plus." C'est le seul conseil qu'Il nous donne. Un mois plus tard, nous revoilà au même point… Nous retournons voir le Seigneur. Le Seigneur ne Se lasse jamais de pardonner, jamais ! Alors, nous devons demander la grâce de ne jamais nous lasser de demander pardon, car Lui ne Se lasse jamais de pardonner. »

Cette première homélie de François, qui m'avait particulièrement frappé, insistait sur l'importance capitale du message de miséricorde, qui caractériserait ses premières années de pontificat. Des mots simples et profonds. Le visage d'une Église qui ne reproche pas aux hommes leurs fragilités et leurs blessures, mais qui les soigne, grâce à la miséricorde.

Nous vivons dans une société qui nous habitue de moins en moins à reconnaître nos erreurs et à assumer nos responsabilités. Ce sont toujours les autres qui sont immoraux, c'est toujours la faute de quelqu'un d'autre, jamais la nôtre. Et nous avons parfois affaire à un cléricalisme réactionnaire, occupé à tracer des frontières, à « réglementer » la vie des personnes, en leur imposant des exigences et des interdits qui rendent leur quotidien encore plus pesant. Une attitude toujours prompte à la condamnation, et beaucoup moins à l'accueil. Une tendance constante à juger, mais non à se pencher, avec compassion, sur les misères de l'humanité. Le message de la miséricorde – qui est au cœur de cette espèce de « première encyclique », non écrite, mais contenue dans la brève homélie du nouveau pape – rejetait simultanément ces deux comportements.

Un peu plus d'un an après, le 7 avril 2014, François avait commenté le même passage, durant la messe matinale à la chapelle de la Maison Sainte-Marthe, et il avait avoué son émotion devant ce passage de l'Évangile. « Dieu ne pardonne pas avec un décret, mais avec une caresse. » Et, avec la miséricorde, « Dieu va même au-delà de la loi et Il pardonne, en caressant les blessures de nos péchés ».

« Les lectures bibliques d'aujourd'hui, avait expliqué le pape, nous parlent de l'adultère qui, avec le blasphème et l'idolâtrie, était considéré comme un péché gravissime, dans la loi mosaïque », un péché qui entraînait la peine de mort par lapidation. Dans le passage tiré du chapitre VIII de l'Évangile selon saint Jean, François faisait remarquer que « nous rencontrons Jésus, assis là, parmi une foule de gens, occupé à catéchiser, à enseigner ». Puis, « les scribes et les pharisiens amènent, en la poussant, une femme, sans doute les mains liées, comme nous pouvons l'imaginer. Ils la placent au milieu de la foule et l'accusent : elle est coupable d'adultère ! ». C'est une accusation publique. L'Évangile dit qu'ils posent une question à Jésus : « Que devons-nous faire de cette femme ? Toi, tu nous parles de bonté, mais Moïse a dit que nous devons la tuer ! » « Ils disaient cela, commenta François, pour Le mettre à l'épreuve, pour avoir une raison de L'accuser. » Effectivement, si Jésus leur avait répondu : « Oui, procédez à la lapidation », ils auraient pu dire à l'assistance : « Le voilà donc, votre maître si bon, regardez ce qu'il inflige à cette pauvre femme ! » Alors que, si Jésus avait dit : « Non, cette malheureuse mérite le pardon ! », ils auraient pu L'accuser « d'enfreindre la Loi ».

Leur seul objectif, expliquait le Saint-Père, était « de mettre Jésus à l'épreuve, de Lui tendre un piège. Cette femme leur importait peu, aussi peu que l'adultère ». Pire encore, « certains d'entre eux le commettaient peut-être ». Et voilà que Jésus, qui « voulait rester seul avec cette femme et lui parler avec Son cœur », répond : « Que celui d'entre vous qui est sans péché lui jette la première pierre. » « Le peuple s'en était allé lentement » après avoir entendu ces mots. « L'Évangile dit, avec une certaine ironie, que tous les gens s'en allèrent, un à un, à commencer par les plus âgés : il faut croire que, dans la banque du ciel, l'état de leurs comptes ne plaidait pas en leur faveur ! » Vient alors le moment de « Jésus confesseur ». Il reste « seul avec cette femme » qui se tient « là au milieu ». Entre-temps, « Jésus, Se baissant, Se mit à écrire avec un doigt sur le sable ». Certains exégètes affirment que Jésus écrivait les péchés de ces scribes et de ces pharisiens, mais ce n'est peut-être « qu'une hypothèse ». Puis Il Se leva et regarda la femme, qui était remplie de honte, et lui dit : « Femme, où sont-ils ? Personne ne t'a condamnée ? Nous voilà seuls, toi et moi. Toi devant Dieu. Sans accusations, sans bavardages vains : toi et Dieu. »

La femme, avait encore remarqué François dans cette homélie, ne se proclame pas victime d'une accusation mensongère, elle ne se défend pas en affirmant : « Je n'ai pas commis l'adultère. » Non, « elle reconnaît son péché » et répond à Jésus : « Personne, Seigneur, ne m'a condamnée. » Jésus lui répond à son tour : « Moi non plus je ne te condamne pas. Va, et dorénavant, ne pèche plus. » Donc, concluait François : « Jésus pardonne. Mais ici, il y a quelque chose de plus que le pardon. Parce que, en tant que confesseur, Jésus outrepasse la Loi. » En effet, « la Loi stipulait qu'elle devait être punie ». Et surtout, Jésus « était pur et aurait pu être le premier à lui jeter la pierre ». Mais le Christ « va plus loin. Il ne lui dit pas : l'adultère n'est pas un péché, mais Il ne la condamne pas au nom de la Loi ». C'est justement là « le mystère : celui de la miséricorde de Jésus ».

Pour « faire miséricorde », Jésus outrepasse « la Loi qui ordonnait la lapidation ». Il va jusqu'à dire à cette femme d'aller en paix. « La miséricorde, expliquait dans ce sermon matinal l'évêque de Rome, est quelque chose de difficile à comprendre : elle n'efface pas les péchés, car c'est le pardon de Dieu qui les efface ». Mais « la miséricorde est la manière dont Dieu pardonne ». Car « Jésus aurait pu dire : moi je te pardonne, va ! de même qu'Il a dit au paralytique : tes péchés sont pardonnés ! ». En l'occurrence, « Jésus va plus loin et conseille à la femme de ne plus pécher. On voit ici le comportement miséricordieux de Jésus : Il protège le pécheur contre ses ennemis, Il protège le pécheur contre une condamnation juste ».

Cela, avait ajouté François, « est également valable pour nous. Combien d'entre nous mériteraient une condamnation ! Et elle serait juste. Mais Lui, Il pardonne ! ». Comment ? « Avec la miséricorde, qui n'efface pas le péché : seul l'efface le pardon de Dieu, alors que la miséricorde va plus loin. » Elle est « comme le ciel : nous, nous regardons le ciel criblé d'étoiles, mais quand le soleil se lève, au matin, avec sa grande lumière, les étoiles ne se voient plus. Ainsi est la miséricorde de Dieu : une grande lumière d'amour et de tendresse, parce que Dieu pardonne non avec un décret, mais avec une caresse ». Il le fait « en caressant nos blessures dues au péché, car Il est impliqué dans le pardon, Il est impliqué dans notre salut ».

C'est de cette façon, concluait le pape François, que Jésus agit en confesseur. Il n'humilie pas la femme adultère, Il ne lui dit pas : « Qu'as-tu fait, comment l'as-tu fait, avec qui l'as-tu fait ? » Il lui dit, au contraire, « d'aller et de ne plus pécher. Grande est la miséricorde de Dieu, et tout aussi grande celle de Jésus : Ils nous pardonnent avec une caresse ».

Le jubilé de la Miséricorde est une conséquence de ce message et de sa présence constante dans les prêches de François. Le 13 mars 2015, pendant que j'écoutais l'homélie de la liturgie pénitentielle au terme de laquelle le pape s'apprêtait à annoncer la proclamation de l'Année sainte extraordinaire, j'ai pensé : ce serait passionnant si je pouvais lui poser des questions portant sur les thèmes de la miséricorde et du pardon, afin d'approfondir le sens qu'il donne à ces mots, en tant qu'homme et en tant que prêtre. Et cela, sans chercher à obtenir des phrases choc, susceptibles d'alimenter le débat médiatique autour du synode sur la famille, débat souvent réduit à un match entre les supporters de deux équipes rivales. Sans entrer dans la casuistique. J'aimais l'idée d'une interview qui puisse mettre en lumière le cœur de François, son regard. Un texte qui ouvrirait des portes, en un moment, comme celui du jubilé, où l'Église entend montrer de manière particulière, et encore plus significative, son visage miséricordieux.

Le pape a accepté ma proposition. Ce livre est le fruit d'un entretien qui a commencé à la Maison Sainte-Marthe au Vatican, où il réside, par une après-midi de chaleur étouffante, en juillet dernier, quelques jours après son retour de voyage en Équateur, en Bolivie et au Paraguay. J'avais envoyé, peu de temps auparavant, la liste des sujets et des questions que je souhaitais aborder. Je me suis présenté muni de trois enregistreurs. François m'attendait avec, posée sur la table devant lui, une concordance biblique et des citations des Pères de l'Église. Vous pourrez lire, dans les pages qui suivent, le contenu de cet entretien.

J'espère que l'interviewé ne m'en voudra pas si je révèle une petite anecdote qui me paraît extrêmement significative. Nous parlions de la difficulté qu'il y a à se reconnaître pécheur, et, dans la première version dont je disposais, François affirmait : « Le remède existe, la guérison existe, si seulement nous faisons un tout petit pas vers Dieu. » Après avoir relu le texte, il m'a appelé, et m'a demandé d'ajouter : « ... ou si nous avons, du moins, le désir de le faire », une expression que, maladroitement, j'avais supprimée dans mon travail de synthèse. Dans cet ajout, ou plutôt dans ce texte correctement rétabli, il y a tout le cœur du pasteur qui essaie de se conformer au cœur miséricordieux de Dieu, et tente, par tous les moyens, d'atteindre le pécheur. Il ne néglige aucune chance, fût-elle minime, de pouvoir offrir le pardon. Dieu nous attend les bras ouverts, il suffit de faire un pas vers Lui, comme le fils prodigue. Mais si nous n'avons pas la force d'accomplir cela, à cause de l'étendue de notre faiblesse, il faut avoir, au moins, le désir de le faire. C'est un début suffisant, pour que la grâce puisse agir et la miséricorde être offerte, selon l'expérience d'une Église qui ne se conçoit pas comme un poste de douane, mais qui cherche tous les chemins possibles pour pardonner.

Andrea Tornielli

Le nom
de Dieu
est Miséricorde

I

TEMPS DE MISÉRICORDE

Saint-Père, pouvez-vous nous dire comment est né votre désir de convoquer un jubilé de la Miséricorde ? D'où vous est venue cette inspiration ?

Ce n'est pas un fait bien particulier ou bien défini. Les choses me viennent un peu d'elles-mêmes, ce sont les choses du Seigneur, dans le recueillement de la prière. Je suis naturellement porté à ne jamais me fier à ma première réaction face à une idée qui me vient ou à une proposition qui m'est faite. Je ne m'y fie jamais, parce que généralement, la première réaction n'est pas la bonne. J'ai appris à attendre, à me fier au Seigneur, à Lui demander Son aide, afin d'acquérir un meilleur discernement et de me laisser guider.

La miséricorde, qui représente pour moi le message le plus important de Jésus, a pris, peu à peu, une place de plus en plus centrale dans ma vie de prêtre ; elle est le fruit de mon expérience de confesseur, de toutes les expériences, belles et positives, que j'ai connues.

Dès juillet 2013, quelques mois après le début de votre pontificat, en rentrant de Rio de Janeiro où avait été célébrée la Journée mondiale de la jeunesse, vous avez dit que « notre temps est celui de la miséricorde ».

Oui, je crois que ce temps est celui de la miséricorde. L'Église montre son visage maternel, son visage de maman, à l'humanité blessée. Elle n'attend pas que les blessés frappent à sa porte, elle va les chercher dans la rue, les accueille, les embrasse, les soigne, leur fait sentir qu'ils sont aimés. J'ai dit alors, et j'en suis de plus en plus convaincu, que ceci est un *kairòs* [un temps favorable], notre époque est un *kairòs* de miséricorde. En ouvrant solennellement le concile œcuménique Vatican II, saint Jean XXIII avait déclaré que l'« Épouse du

Christ préfère recourir au remède de la miséricorde plutôt que d'empoigner les armes de la rigueur ». Dans son texte intitulé *Pensée sur la mort*[1], le Bienheureux Paul VI révélait les fondements de sa vie spirituelle, selon la synthèse proposée par saint Augustin : misère et miséricorde. « Ma misère, écrivait le pape, miséricorde de Dieu. Que je puisse au moins maintenant honorer celui que Tu es, le Dieu de bonté infinie, en invoquant, acceptant, célébrant Ta très douce miséricorde. » Saint Jean-Paul II est allé dans le même sens avec l'encyclique *Dives in misericordia*, où il a affirmé que l'Église vit une vie authentique lorsqu'elle professe et proclame la miséricorde, le plus magnifique attribut du Créateur et du Rédempteur, et lorsqu'elle rapproche les hommes des sources de la miséricorde. Il a, en outre, institué la fête de la « Divine Miséricorde » et a valorisé la figure de sainte Faustine Kowalska[2], et les paroles de Jésus sur la miséricorde. Le pape Benoît XVI, lui aussi, a abordé ce sujet dans son magistère : « La miséricorde est, en réalité, le

---

1. Texte de Paul VI publié par le quotidien *L'Osservatore Romano* le 5 août 1978.

2. Religieuse mystique polonaise (1905-1938), béatifiée en 1993 et canonisée en 2000.

cœur même du message évangélique ; elle est le nom même de Dieu, le visage avec lequel Il s'est révélé dans l'antique Alliance et pleinement en Jésus-Christ, incarnation de l'Amour créateur et rédempteur. Cet amour miséricordieux illumine aussi le visage de l'Église, et se manifeste aussi bien à travers les sacrements, en particulier celui de la réconciliation, qu'à travers les œuvres de charité, collectives et individuelles. Tout ce que l'Église dit et accomplit exprime la miséricorde que Dieu nourrit envers l'homme. »

Mais dans mes souvenirs personnels, il y a plusieurs autres épisodes. Par exemple, avant d'arriver ici, quand je vivais à Buenos Aires, j'ai participé à une table ronde avec des théologiens, et elle est restée gravée dans ma mémoire : nous nous demandions ce que pouvait faire le pape pour être plus proche des gens, face à une multitude de problèmes qui semblaient insolubles. L'un des participants a répondu : « Un jubilé du pardon. » Cette phrase m'a beaucoup marqué. Et donc, pour répondre à votre question, je crois que la décision est venue en priant, et en pensant à l'enseignement et au témoignage des papes qui m'ont précédé, et en considérant l'Église comme un hôpital de campagne, où l'on soigne en priorité les blessures les plus graves. Une Église qui réchauffe le cœur des gens, par son attention et sa proximité.

Qu'est-ce que la miséricorde, pour vous ?

Étymologiquement, « être miséricordieux » signifie ouvrir son cœur au mystère. Regardons l'attitude du Seigneur : la miséricorde, c'est l'attitude divine qui consiste à ouvrir les bras, c'est Dieu qui Se donne et qui accueille, qui Se penche pour pardonner. Jésus a dit qu'Il n'était pas venu pour les justes, mais pour les pécheurs. Il n'est pas venu pour ceux qui sont en bonne santé, qui n'ont pas besoin d'un médecin, mais pour les malades. On peut donc dire que la miséricorde est la carte d'identité de notre Dieu. Dieu de miséricorde, Dieu miséricordieux. J'ai toujours été frappé en lisant l'histoire d'Israël telle qu'elle est racontée dans la Bible, dans le chapitre XVI du livre d'Ézéchiel. Israël y est comparé à une enfant à laquelle on n'a pas coupé le cordon ombilical ; on l'a laissée souillée de sang, puis on l'a jetée en pleine campagne. Dieu la voit se débattre dans son sang. Il la lave, l'oint d'huile, l'habille ;

plus tard, une fois qu'elle a grandi, Il la pare de soie et de bijoux. Mais elle, infatuée de sa propre beauté, se prostitue, non contre de l'argent, mais en offrant des cadeaux à ses amants. Et pourtant, Dieu n'oubliera pas son alliance et la préférera à ses sœurs aînées, afin qu'Israël se souvienne et éprouve de la honte (Éz., XVI, 63) lorsqu'on lui pardonnera ce qu'elle a fait.

Pour moi, c'est une des révélations les plus grandes : tu seras toujours le peuple élu, tous tes péchés te seront toujours pardonnés. C'est ainsi : la miséricorde est indissociable de la fidélité de Dieu. Saint Paul l'explique très bien dans la IIe Épître à Timothée (II, 13) : « Si nous sommes infidèles, lui reste fidèle, car il ne peut se renier lui-même. » On peut renier Dieu, on peut pécher contre Lui, mais Dieu ne peut se renier Lui-même, Lui, Il reste fidèle.

Quelle place tient la miséricorde dans votre cœur, dans votre vie et dans votre histoire personnelle, et quelle signification lui attribuez-vous ? Vous souvenez-vous de la première expérience que vous en avez fait, quand vous étiez enfant ?

Je peux lire ma vie à travers le chapitre XVI du livre du prophète Ézéchiel. Quand je parcours ces pages, je me dis : mais tout cela semble écrit pour moi ! Le prophète parle de la honte, et la honte est une grâce : quand on ressent la miséricorde de Dieu, on a vraiment honte de soi-même, de son propre péché. Il existe un bel essai d'un grand spécialiste de la spiritualité, le père Gaston Fessard, consacré à la honte, intitulé *La Dialectique des « Exercices spirituels » de saint Ignace de Loyola*[1]. La honte est l'une des grâces que saint Ignace fait demander dans la confession des péchés, devant le Christ crucifié. Ce texte d'Ézéchiel nous apprend à avoir honte, il fait en sorte que l'on puisse éprouver de la honte : malgré toute notre histoire faite de misère et de péché, Dieu nous reste fidèle et nous élève. Moi, je ressens cela. Je n'ai pas de souvenirs particuliers de

1. Aubier, 1956.

l'époque où j'étais enfant. Mais de mon adolescence, si. Je pense au père Carlos Duarte Ibarra, le confesseur que j'ai rencontré dans ma paroisse le 21 septembre 1953, le jour où l'Église célèbre saint Matthieu apôtre et évangéliste. J'avais dix-sept ans. Je me suis senti accueilli par la miséricorde de Dieu en me confessant à lui. Ce prêtre était originaire de Corrientes, mais il se trouvait à Buenos Aires pour soigner sa leucémie. Il est mort l'année suivante. Je me souviens encore que, après ses funérailles et son enterrement, en rentrant chez moi, je me suis senti comme abandonné. Et j'ai beaucoup pleuré ce soir-là, beaucoup, caché dans ma chambre. Pourquoi ? Parce que j'avais perdu une personne qui me faisait sentir la miséricorde de Dieu, ce « *miserando atque eligendo* », une expression que je ne connaissais pas, à l'époque, et que j'ai choisie, par la suite, pour devise épiscopale. Je l'ai retrouvée plus tard, dans les homélies du moine anglais saint Bède le Vénérable qui, parlant de la vocation de Matthieu, écrivait : « Jésus vit un publicain, et comme Il le regardait avec un sentiment d'amour, et le choisit, Il lui dit : "Suis-moi." » C'est ainsi que, généralement, on traduit l'expression de saint Bède. Mais moi, je préfère traduire *miserando* par un gérondif qui n'existe pas : « en miséricordant », en lui donnant sa miséricorde. Donc, « en le miséricordant et en le choisissant », pour décrire le regard de Jésus qui offre Sa miséricorde et qui choisit, qui emmène avec Lui.

Quand vous pensez à des prêtres miséricordieux, que vous avez connus et dont vous vous êtes inspiré, quels sont ceux qui vous viennent à l'esprit ?

Il y en a beaucoup. Je viens d'évoquer le père Duarte. Je peux citer aussi Don Enrico Pozzoli, salésien, qui m'a baptisé et qui avait marié mes parents. Il était « le » confesseur, le confesseur miséricordieux. Tout le monde allait le voir, il visitait les maisons des salésiens. J'ai rencontré plusieurs confesseurs comme celui-là. Je me souviens d'un autre grand confesseur, plus jeune que moi, un père capucin, qui exerçait son ministère à Buenos Aires. Il est venu me voir un jour, il voulait me parler. Il m'a dit : « Je voudrais que tu m'aides : j'ai toujours une multitude de gens devant le confessionnal, des gens de toutes sortes, humbles et moins humbles, mais aussi de nombreux prêtres. Je pardonne beaucoup, et parfois, j'ai des scrupules, je me demande si je n'ai pas trop pardonné. » Nous avons parlé de la miséricorde, et je lui ai demandé ce qu'il faisait quand il éprouvait ces scrupules. Il m'a répondu : « Je vais dans notre petite chapelle, devant le tabernacle, et je dis à Jésus : "Seigneur, pardonne-moi, parce que j'ai trop pardonné. Mais c'est Toi qui m'as donné le mauvais exemple !" » Ça, je ne l'oublierai jamais. Lorsqu'un prêtre vit ainsi la miséricorde, dans son propre cœur, il peut l'offrir aux autres. Un jour, j'ai lu une homélie de celui qui était alors le cardinal Albino Luciani[1], sur le père Léopold Mandic, que Paul VI venait de béatifier. Il évoquait quelque chose de très proche de ce que je viens de vous raconter. « Nous sommes tous des pécheurs, disait Luciani à cette occasion. Le père Léopold le savait très bien. Il faut prendre acte de cette triste réalité qui est la nôtre. Nul ne peut, sur le long terme, éviter les fautes, petites ou grandes. Pourtant, comme le disait saint François de Sales, si tu as un petit âne, et que dans la rue il glisse sur les pavés et tombe, que dois-tu faire ? Tu ne vas pas le rosser à coups de bâton, il est déjà assez malheureux comme ça. Il faut que tu le prennes par le licou et que

1. Futur pape Jean-Paul Ier.

tu lui dises : "Allez, reprenons la route. On se remet en marche, tu feras davantage attention la prochaine fois." C'est cela, la bonne méthode, et cette méthode, le père Léopold l'a pleinement appliquée. Un de mes amis, un prêtre qui allait se confesser à lui, a dit : "Mon père, vous êtes trop indulgent. Moi, je me confesse volontiers à vous, mais j'ai l'impression que vous êtes trop indulgent." Et le père Léopold de répondre : "Mais qui a été indulgent, mon fils ? C'est le Seigneur qui a été indulgent ; moi, je ne suis pas mort pour les pécheurs, c'est le Seigneur qui est mort pour eux. S'Il a été aussi indulgent avec le larron, Il ne pouvait pas être autrement avec les autres !" » Voilà l'homélie qu'a tenue celui qui était alors le cardinal Luciani sur Léopold Mandic, plus tard canonisé par Jean-Paul II.

Je peux citer une autre figure qui a été importante pour moi, celle du père José Ramón Aristi, longtemps confesseur à Buenos Aires dans la basilique de Sacramento ; je l'ai déjà évoqué, un jour, devant les prêtres de Rome. Il est mort en 1996, à quatre-vingt-dix ans passés. Lui aussi était un grand confesseur, beaucoup de gens et de prêtres allaient le voir. Lorsqu'il confessait, il donnait son chapelet aux pénitents et leur faisait tenir dans la main la petite croix, puis il s'en servait pour leur donner l'absolution, et les invitait à la baiser. Quand il est mort, le soir du samedi saint, j'étais alors évêque auxiliaire de Buenos Aires. Je suis allé le voir le lendemain, le dimanche de Pâques, après le déjeuner, et je suis descendu dans la crypte de l'église. Je me suis rendu compte qu'il n'y avait pas de fleurs à côté de son cercueil, et je suis allé chercher un bouquet à l'extérieur ; puis je suis rentré et j'ai entrepris de les installer. J'ai alors vu le chapelet entortillé autour de ses mains : j'ai détaché la petite croix et je lui ai dit, en le regardant : « Donne-moi la moitié de ta miséricorde ! » Depuis, cette petite croix, contre ma poitrine, ne m'a jamais quitté. Quand j'ai une mauvaise pensée sur quelqu'un, j'approche ma main et je touche cette croix. Ça me fait du bien. Voilà, je vous ai donné un autre exemple de prêtre miséricordieux, qui savait être proche des gens et soigner les blessures, en offrant la miséricorde de Dieu.

À votre avis, pourquoi l'humanité d'aujourd'hui, et notre époque, ont-elles autant besoin de miséricorde ?

Parce que c'est une humanité blessée, une humanité qui porte de profondes blessures. Elle ne sait pas comment les soigner, ou bien elle croit que c'est impossible. Et il n'y a pas que les maladies sociales et les personnes blessées par la pauvreté, par l'exclusion sociale, par les nombreuses formes d'esclavage de ce troisième millénaire. Le relativisme aussi blesse les personnes : tout semble avoir la même importance, tout se vaut, en apparence. Cette humanité a besoin de miséricorde. Il y a plus d'un demi-siècle, Pie XII disait que le drame de notre époque était d'avoir perdu le sens du péché, la conscience du péché. À cela s'ajoute aujourd'hui le fait, dramatique, de considérer notre maladie, notre péché, comme incurable, comme quelque chose qui ne peut être ni guéri ni pardonné. Ce qui fait défaut, c'est l'expérience concrète de la miséricorde. La fragilité des temps où nous vivons, c'est aussi cela : croire qu'il n'existe aucune possibilité de rachat, une main qui t'aide à te relever, une étreinte qui te sauve, te pardonne, te soulage, t'inonde d'un amour infini, patient, indulgent, et te permet de reprendre la route. Nous avons besoin de miséricorde. Nous devons nous demander pourquoi tant de gens, hommes et femmes, jeunes ou vieux, de tous les milieux sociaux, recourent aujourd'hui à des mages ou à des cartomanciens. Le cardinal Giacomo Biffi citait souvent ces mots de l'écrivain anglais Keith Chesterton : « Il est faux de dire que celui qui ne croit pas en Dieu ne croit en rien, parce qu'il commence à croire à tout. » Une fois, j'ai entendu quelqu'un dire : « Du temps de ma grand-mère, le confesseur suffisait, alors qu'aujourd'hui, beaucoup de gens s'adressent à une voyante… » Aujourd'hui, on cherche le salut là où on peut.

Ces phénomènes auxquels vous faites allusion, comme le recours aux mages et aux voyantes, ont toujours existé, dans l'histoire de l'humanité.

Oui, bien sûr, il y a toujours eu des devins, des mages, des voyantes. Mais il n'y avait pas autant de gens qui recouraient à eux pour des raisons de santé, ou pour chercher la guérison spirituelle.

Les gens cherchent surtout quelqu'un qui les écoute. Qui soit disposé à donner son temps pour entendre leurs drames et leurs difficultés. C'est ce que j'appelle l'« apostolat de l'oreille », et c'est important. Très important. Aux confesseurs, j'ai envie de dire : parlez, écoutez patiemment, dites avant tout, à ceux qui viennent vous voir, que Dieu les aime. Et si le confesseur ne peut pas absoudre, qu'il explique pourquoi, mais qu'il donne une bénédiction, quoi qu'il en soit, même sans absolution sacramentelle. L'amour de Dieu est là, y compris pour ceux qui ne sont pas en situation de recevoir le sacrement : cette femme et cet homme, ce jeune homme ou cette jeune fille, ils sont aimés de Dieu, cherchés par Dieu, et ils ont soif de bénédiction. Ayez de la tendresse pour ces personnes. Ne les repoussez pas. Les gens souffrent. Être confesseur est une lourde responsabilité. Les confesseurs se trouvent devant des brebis égarées que Dieu aime infiniment ; si on ne leur fait pas sentir l'amour et la miséricorde de Dieu, ils s'éloignent, peut-être définitivement. Et donc, ouvrez-leur les bras et soyez miséricordieux, même si vous ne pouvez pas les absoudre. Donnez-leur une bénédiction, quoi qu'il en soit. Une de mes nièces s'est mariée, civilement, avec un homme dont le précédent mariage n'avait pas encore été annulé par la justice. Ils voulaient se marier, ils s'aimaient, ils souhaitaient des enfants, ils en ont eu trois. Le juge avait même attribué à l'homme la garde des enfants, nés de son premier mariage. Un homme extrêmement pieux, qui allait à la messe tous les dimanches, qui se confessait et disait au prêtre : « Je sais que vous ne pouvez pas me donner l'absolution, mais j'ai péché en ceci et en cela, donnez-moi une bénédiction. » C'est cela, un homme religieusement formé.

II

LE DON DE LA CONFESSION

Pourquoi est-il important de se confesser ? Vous avez été le premier pape à le faire publiquement, durant les liturgies pénitentielles du carême, en l'église Saint-Pierre... Mais ne suffirait-il pas, au fond, de demander pardon face à soi-même, de se débrouiller tout seul avec Dieu ?

C'est Jésus qui dit à Ses apôtres : « Ceux à qui vous pardonnerez leurs péchés seront pardonnés ; ceux à qui vous ne les pardonnerez pas ne seront pas pardonnés » (Jn, XX, 19-23). Les apôtres et leurs successeurs – les évêques et les prêtres, leurs collaborateurs – deviennent des instruments de la miséricorde divine. Ils agissent *in persona Christi*, c'est très beau. Et cela prend une signification profonde, parce que nous sommes des êtres sociaux. Si tu n'es pas capable de parler de tes erreurs avec ton frère, tu peux être sûr que tu seras incapable d'en parler, même avec Dieu ; et tu finis par te confesser devant ton miroir, devant toi-même. Nous sommes des êtres sociaux, et le pardon a aussi un aspect social, parce que l'humanité aussi, mes frères et mes sœurs, la société, sont blessés par mon péché. Se confesser devant un prêtre est une façon de remettre ma vie entre les mains et le cœur d'un autre, qui, à cet instant, agit au nom et pour le compte de Jésus. C'est une façon d'être concret et authentique : se mettre face à la réalité en regardant une autre personne, et non soi-même reflété dans un miroir. Avant de changer de vie et de comprendre qu'il devait être le soldat du Christ, saint Ignace avait participé à la bataille de Pampelune. Il était soldat dans l'armée du roi d'Espagne, Charles Quint, et il affrontait l'armée française. Il fut grièvement blessé. Aucun prêtre ne se trouvait sur le champ de bataille à ce moment-là. Il appela alors un de ses frères d'armes et se confessa à lui, il lui avoua ses péchés. Son compagnon ne pouvait pas l'absoudre, c'était un laïc, mais la nécessité d'être face à quelqu'un d'autre, au moment de la confession, était si importante qu'il décida de procéder ainsi. C'est une belle leçon. C'est vrai, je peux parler avec le Seigneur, Lui demander immédiatement pardon, L'implorer. Et le Seigneur pardonne, tout de suite. Mais il est important que j'aille au confessionnal, que je me mette face à un prêtre qui représente Jésus, que je m'agenouille devant la Mère Église, appelée à dispenser la miséricorde de Dieu. Il y a une objectivité dans ce geste, dans le fait que je m'agenouille devant le prêtre qui, à ce moment-là, est l'intermédiaire de la grâce qui m'atteint et me guérit. J'ai toujours été ému par ce geste de la tradition des Églises orientales, quand le confesseur accueille le pénitent en lui posant l'étole sur la tête et un bras autour des épaules, comme pour une étreinte. C'est une gestuelle de l'accueil et de la miséricorde. Souvenons-nous que nous ne sommes pas là avant tout pour être jugés. Il est vrai qu'il y a un jugement dans la confession ; mais cette dernière implique quelque chose de plus grand que le jugement. C'est le fait de se trouver face à un autre qui agit *in persona Christi*, pour accueillir et pardonner. C'est la rencontre avec la miséricorde.

Que pouvez-vous dire de votre expérience de confesseur ? Je vous le demande parce qu'il semble qu'elle ait profondément marqué votre vie. Durant la première messe que vous avez célébrée devant les fidèles après votre élection, dans la paroisse Sainte-Anne, le 17 mars 2013, vous avez parlé de cet homme qui disait : « Vous savez mon père, j'ai fait des choses terribles… » Et vous lui aviez répondu : « Va voir Jésus, Lui, Il pardonne et Il oublie tout. » Dans la même homélie, vous avez rappelé que Dieu ne Se lasse jamais de pardonner. Peu après, au moment de l'Angélus, vous avez évoqué une autre anecdote, celle de la vieille dame qui vous avait dit, en se confessant : « Sans la miséricorde de Dieu, le monde n'existerait pas. »

Je me souviens très bien de ce fait, qui est resté gravé dans ma mémoire. Il me semble la voir encore en ce moment. C'était une femme âgée, petite, menue, tout de noir vêtue, comme on en voit dans certains villages du sud de l'Italie, en Galice ou au Portugal. J'étais évêque auxiliaire de Buenos Aires depuis peu, et nous célébrions une grande messe à l'intention des malades, en présence de la statue de Notre-Dame de Fatima. J'étais là pour confesser. Vers la fin de la messe, je me suis levé parce que je devais partir pour célébrer une confirmation. C'est à ce moment-là que cette femme est arrivée, une femme âgée et humble. Je me suis adressé à elle en l'appelant *abuela*, c'est-à-dire grand-mère, comme on a l'habitude de le faire chez nous, en Argentine. « Grand-mère, vous voulez vous confesser ? » « Oui », m'a-t-elle répondu. Et moi, qui étais sur le point de partir, je lui ai dit : « Mais si vous n'avez pas de péché… » Elle a répliqué aussitôt : « Nous avons tous des péchés. » « Mais peut-être que le Seigneur ne les pardonne pas… », ai-je répliqué. « Le Seigneur pardonne tout. » « Comment pouvez-vous le savoir ? » « Si le Seigneur ne pardonnait pas tout, a-t-elle répondu, le monde n'existerait pas. »

C'est un exemple de la foi des êtres simples, qui ont la science infuse, même s'ils n'ont jamais fait d'études théologiques. Lors de ce premier Angélus, j'ai dit, pour me faire comprendre, que j'avais répondu à cette femme : « Mais vous avez fait des études à l'université pontificale grégorienne, à Rome ! » En fait, ma véritable réponse avait été : « Mais vous avez été l'élève de Royo Marín ! » Je me référais au père dominicain Antonio Royo Marín, auteur d'un célèbre traité de théologie morale. J'ai été fortement marqué par les mots de cette femme : sans la miséricorde, sans le pardon de Dieu, le monde n'existerait pas, ne pourrait pas exister. En tant que confesseur, y compris quand je me suis retrouvé devant une porte close, j'ai toujours cherché un rai de lumière, un interstice pour entrouvrir cette porte et pouvoir donner le pardon, la miséricorde.

Une fois, vous avez affirmé que le confessionnal ne devait pas être un « pressing ». Qu'est-ce que cela signifie ? Que vouliez-vous dire ?

C'était un exemple, une image pour faire comprendre l'hypocrisie de ceux qui croient que le péché est une tache, qu'il suffit d'aller dans un pressing pour qu'on vous nettoie à sec, et vous redevenez comme avant. Comme si on faisait nettoyer une veste ou une robe : on les passe à la machine, et le tour est joué. Mais le péché est bien plus qu'une tache. Le péché est une blessure qui doit être soignée, pansée. C'est pour ça que j'ai utilisé cette expression.

Je cite un autre de vos exemples. Dire que le confessionnal ne doit pas être une « chambre de torture », qu'est-ce que cela signifie ?

C'étaient des mots qui s'adressaient avant tout aux prêtres, aux confesseurs. Cela signifiait que, parfois, il peut y avoir un excès de curiosité, une curiosité un peu malsaine. Un jour, j'ai entendu une femme, mariée depuis des années, dire qu'elle ne se confessait plus parce que, quand elle était une adolescente de treize, quatorze ans, le confesseur lui avait demandé où elle mettait les mains lorsqu'elle dormait. Il peut y avoir un excès de curiosité, surtout sur le plan sexuel. Ou une insistance qui pousse à expliciter des détails qui ne sont pas nécessaires. Il est bon que celui qui se confesse ait honte de son péché : la honte est une grâce à demander, c'est un facteur positif, parce qu'elle nous rend humbles. Mais dans le dialogue avec le confesseur, on a besoin d'être écouté, pas interrogé. C'est ce que je voulais dire en parlant des confessionnaux qui ne doivent jamais être des chambres de torture.

Jorge Maria Bergoglio a-t-il été un confesseur sévère ou indulgent ?

J'ai toujours essayé de consacrer mon temps aux confessions, même quand j'étais évêque ou cardinal. Aujourd'hui, je confesse moins, mais il m'arrive encore de le faire. Parfois, j'aimerais pouvoir entrer dans une église et m'asseoir de nouveau devant un confessionnal. Donc, pour répondre à votre question : en ce qui me concerne, quand j'ai confessé, j'ai toujours pensé à mes propres péchés, à mon besoin de miséricorde ; et donc, j'ai cherché à beaucoup pardonner.

III

CHERCHER LE MOINDRE RAI DE LUMIÈRE

Que faut-il pour obtenir la miséricorde ? Une certaine prédisposition est-elle nécessaire ?

Il y a une phrase qui me vient à l'esprit : « Je n'y arrive plus ! » À un certain moment, on a besoin d'être compris, guéri, soigné, pardonné. On a besoin de se relever pour reprendre la route. Le psaume dit : « Un esprit repentant est un sacrifice à Dieu ; pour un cœur brisé et humilié, Dieu, tu n'as point de mépris » (Ps., L, 19). Saint Augustin écrivait : « Cherche dans ton cœur ce qui peut plaire à Dieu. Il faut briser ton cœur. Ne crains pas qu'il en meure ! » Sur la bouche du psalmiste, on trouve cette expression : « Dieu, crée en moi un cœur pur » (Ps., L, 12). Et donc, le cœur impur doit être détruit, afin que le cœur pur soit créé. Quand nous péchons, nous devons être mécontents de nous-mêmes, car les péchés déplaisent à Dieu. « Et puisque nous constatons que nous ne sommes pas sans péché, au moins en cela, essayons de ressembler à Dieu » (Sermons, XIX, 4). Les Pères de l'Église enseignent que ce cœur brisé est l'offrande la plus appréciée de Dieu. C'est le signe que nous sommes conscients de notre péché, du mal que nous avons fait, de notre misère, de notre besoin de pardon, de miséricorde.

Comment fait-on pour se reconnaître pécheur ? Que diriez-vous à quelqu'un qui n'a pas l'impression de l'être ?

Je lui conseillerais de demander cette grâce ! Oui, parce que même le fait de se reconnaître pécheur est une grâce. Une grâce qui nous est donnée. Sans la grâce, on peut tout au plus arriver à dire : j'ai mes propres limites, voici mes erreurs. Mais se reconnaître pécheur, c'est autre chose. Cela signifie se placer face à Dieu, qui est notre tout, en nous présentant à Lui, c'est-à-dire en Lui présentant notre néant. Nos misères, nos péchés. C'est vraiment une grâce que l'on doit demander.

Don Luigi Giussani[1] *citait toujours cet exemple tiré du roman de Bruce Marshall* Un sou par homme[2]. *Le héros du livre, l'abbé Gaston, doit confesser un jeune soldat allemand que les résistants français ont condamné à mort. Le soldat avoue sa passion pour les femmes, ainsi que les nombreuses aventures qu'il a eues. L'abbé lui explique qu'il doit se repentir afin d'obtenir le pardon et l'absolution. Le jeune homme lui répond : « Comment voulez-vous que je me repente ? Cela me plaisait, et si j'en avais l'occasion, je le referais, même maintenant. Comment voulez-vous que je me repente ? » L'abbé Gaston, qui veut absoudre ce pénitent frappé par le destin, et désormais à deux doigts de la mort, a alors un éclair de génie, et demande : « Mais toi, tu regrettes de ne pas le regretter ? » Et le jeune homme de rétorquer, spontanément : « Oui, je regrette de ne pas le regretter. » En d'autres termes, je suis désolé de ne pas me repentir. C'est le rai de lumière qui permet l'absolution.*

C'est vrai, c'est ainsi. Cet exemple illustre bien les tentatives que Dieu met en action pour faire

1. Prêtre, philosophe et théologien italien (1922-2005) dont la béatification est en cours.

2. Gallimard, 1954.

une brèche dans le cœur de l'homme, pour trouver ce rai de lumière qui permet l'action de la grâce. Il ne veut pas que les gens se perdent. Sa miséricorde est infiniment plus grande que notre péché, Son remède beaucoup plus puissant que la maladie qu'il doit soigner en nous. Il y a une introduction à la prière eucharistique de la liturgie ambrosienne[1] dans laquelle on peut lire : « Tu T'es penché sur nos blessures et Tu nous as guéris, en nous donnant un remède plus puissant que nos plaies, une miséricorde plus grande que notre faute. Ainsi, en vertu de Ton amour invincible, même le péché a servi à nous élever à la vie divine. » Quand je repense à ma vie et à mon expérience, à ce 21 septembre 1953 où Dieu est venu à ma rencontre en me remplissant de stupeur, j'ai toujours dit que le Seigneur « *nos primerea* », nous précède, nous devance. Je crois qu'on peut en dire autant de la miséricorde divine, donnée pour soigner nos blessures, qui nous devance. Dieu nous attend, Il attend seulement que nous Lui accordions ce minuscule rai de lumière pour pouvoir agir en nous, avec Son pardon, avec Sa

1. Le rite ambrosien, assez proche du rite romain, est en vigueur dans le diocèse de Milan et dans trois vallées du Tessin, en Suisse.

grâce. Seul celui qui a été touché, caressé par la tendresse de la miséricorde, connaît vraiment le Seigneur. C'est pourquoi je répète souvent que le lieu où advient la rencontre avec la miséricorde de Jésus est mon péché. Quand on a connu l'étreinte de la miséricorde, quand on se laisse étreindre, quand on s'émeut, alors la vie peut changer, parce que nous essayons de répondre à ce cadeau immense et imprévu qui, aux yeux des hommes, peut paraître « injuste » en raison de sa surabondance. Nous sommes face à un Dieu qui connaît nos péchés, nos trahisons, nos reniements, notre misère. Et pourtant, Il est là qui nous attend, pour se donner entièrement à nous, pour nous relever. Quand je pense à l'épisode du roman de Marshall que vous avez évoqué, je pars d'un présupposé similaire, qui va dans la même direction. Il n'y a pas seulement cette maxime juridique qui est toujours valable, et selon laquelle « *in dubio pro reo* », c'est-à-dire que le doute doit toujours profiter à l'accusé. Il y a aussi l'importance du geste. Le seul fait qu'une personne aille au confessionnal indique un début de pénitence, même si celle-ci n'est pas consciente. S'il n'y avait pas eu ce mouvement initial, cette personne ne serait pas venue. Sa présence en ce lieu peut témoigner d'un désir de changement. La parole est importante, elle explicite le geste. Mais le geste en lui-même est important ; et parfois, la présence, pleine de gêne et d'humilité, d'un pénitent qui a du mal à parler, vaut plus que tous les mots de celui qui formule son repentir.

IV

PÉCHEUR,
COMME SIMON-PIERRE

Vous vous êtes défini plus d'une fois comme un « pécheur ». Quand vous avez rencontré des détenus à Palmasola, en Bolivie, pendant votre voyage en Amérique latine en 2015, vous avez dit : « Devant vous se trouve un homme à qui l'on a pardonné ses nombreux péchés… » Il est frappant d'entendre un pape parler ainsi de lui-même…

Vraiment ? Je ne crois pas que ce soit quelque chose de si rare, y compris dans la vie de mes prédécesseurs. J'ai lu, dans le dossier du procès en béatification de Paul VI, le témoignage d'un de ses secrétaires auquel le pape, en écho aux paroles que j'ai déjà citées, dans *Pensée sur la mort*, avait confié ceci : « J'ai toujours considéré comme un grand mystère de Dieu le fait de me trouver dans la misère, et de me trouver aussi face à la miséricorde de Dieu. Moi, je ne suis rien, je suis misérable. Dieu le Père m'aime, Il veut me sauver, Il veut me tirer de cette misère où je me trouve, mais je suis incapable de faire cela par moi-même. Alors Il envoie Son Fils, un Fils qui apporte justement la miséricorde de Dieu, traduite en acte d'amour à mon égard… Mais pour cela, il faut une grâce particulière, la grâce d'une conversion. Je dois reconnaître l'action de Dieu le Père à travers Son Fils, à mon égard. Une fois que j'ai reconnu cela, Dieu agit en moi à travers Son Fils. » C'est une très belle synthèse du message chrétien. Et que dire de l'homélie avec laquelle Albino Luciani a inauguré son épiscopat à Vittorio Veneto, en soutenant que le choix était tombé sur lui parce que certaines choses, au lieu de les écrire dans le bronze ou le marbre, le Seigneur préférait les écrire dans la poussière : de sorte que, si l'écriture restait, il aurait été clair que le mérite en revenait entièrement, et uniquement, à Dieu. Lui, l'évêque, le futur pape Jean-Paul Ier, se définissait comme « poussière ». Je dois dire que, lorsque je parle de cela, je pense toujours à ce que Pierre a dit à Jésus le dimanche de sa résurrection, quand il l'a rencontré seul. Une rencontre à laquelle fait allusion l'évangéliste Luc (XXIV, 34). Qu'est-ce que Simon a bien pu dire au Messie qui venait de ressusciter du tombeau ? Peut-être Lui a-t-il dit qu'il se sentait un pécheur ? Peut-être a-t-il pensé au reniement, à ce qui s'était passé quelques jours auparavant quand, par trois fois, il avait feint de ne pas Le reconnaître, dans la cour de la maison du grand prêtre ? Peut-être a-t-il pensé à ses larmes amères et publiques. Si Pierre a fait cela, si les Évangiles nous décrivent son péché, son reniement, et si, malgré tout cela, Jésus lui a dit : « Paissez mes agneaux » (Jn, XXI, 16), je ne crois pas que l'on doive s'étonner si ses successeurs aussi se définissent comme des « pécheurs ». Ce n'est pas une nouveauté. Le pape est un homme qui a besoin de la miséricorde de Dieu. Je l'ai dit sincèrement, y compris devant les détenus de Palmasola, en Bolivie, devant ces hommes et ces femmes qui m'ont accueilli avec chaleur. Je leur ai rappelé que saint Pierre et saint Paul aussi avaient été des prisonniers. J'ai une relation spéciale avec ceux qui vivent en prison, privés de leur liberté. J'ai toujours été très attaché à eux, justement à cause de la conscience que j'ai d'être un pécheur. Chaque fois que je franchis le seuil d'une prison, pour une célébration ou pour une visite, je me demande toujours : pourquoi eux et pas moi ? Je devrais être ici, je mériterais d'y être. Leurs chutes auraient pu être les miennes, je ne me sens pas meilleur que ceux qui sont en face de moi. Et je me retrouve donc en train de répéter et de crier : pourquoi lui et pas moi ? Cela peut scandaliser, mais je me console avec Pierre : il avait renié Jésus, et il a quand même été choisi.

Pourquoi sommes-nous des pécheurs ?

À cause du péché originel. Une donnée qui peut être source d'expérience. Notre humanité est blessée ; nous savons reconnaître le bien et le mal, nous savons ce qu'est le mal, nous essayons de suivre le chemin du bien, mais souvent nous tombons à cause de notre faiblesse, et nous choisissons le mal. C'est la conséquence du péché originel, dont nous avons pleinement conscience grâce à la Révélation. Le récit du péché d'Adam et Ève, leur rébellion contre Dieu, que nous lisons dans le Livre de la Genèse, utilise un langage imagé pour exposer quelque chose qui s'est réellement produit aux origines de l'humanité.

Le Père a sacrifié Son Fils, Jésus S'est abaissé, Il a accepté de Se laisser torturer, crucifier et anéantir pour racheter nos péchés, pour guérir cette blessure. Si bien que la faute de nos ancêtres est célébrée comme une « *felix culpa* » dans le chant de l'*Exultet*, que l'Église élève durant la célébration la plus importante de l'année, celle de la nuit de Pâques : une « faute heureuse », parce qu'elle a mérité une telle rédemption.

Quel conseil donneriez-vous à un pénitent pour une bonne confession ?

De penser à l'authenticité de sa vie devant Dieu, à ce qu'il ressent, à ce qu'il pense. Qu'il sache se considérer lui-même, et considérer son péché, avec sincérité. Et qu'il se sente pécheur, qu'il se laisse surprendre, étonner par Dieu. Pour qu'Il nous comble avec le don de Son infinie miséricorde, nous devons ressentir notre insuffisance, notre vide, notre misère. Nous ne pouvons pas être orgueilleux. Je pense au récit que me fit un jour un dirigeant argentin. Il avait un collègue très engagé dans la vie chrétienne : il récitait le rosaire, faisait des lectures spirituelles, etc. Celui-ci lui avait confié un jour, *en passant*[1], comme si de rien n'était, qu'il avait une liaison avec sa propre domestique. Et il lui avait fait comprendre qu'il trouvait cela normal, parce que ces gens, disait-il, les domestiques, étaient là, au fond, « pour cela » aussi. Son interlocuteur avait été scandalisé, car en substance, ce collègue disait croire en l'existence d'êtres humains divisés en supérieurs et inférieurs ; ces derniers étant destinés à être exploités et « utilisés », comme cette domestique. J'ai été frappé par cet exemple : malgré toutes les objections qui lui avaient été opposées, cet homme n'en démordait pas, il était imperméable au doute. Et il continuait de se considérer comme un bon chrétien parce qu'il priait, se livrait à de bonnes lectures spirituelles quotidiennement, et allait à la messe le dimanche. C'était un cas d'orgueil, le contraire de ce « cœur brisé » dont parlent les Pères de l'Église.

1. En français dans le texte.

Et quels conseils aimeriez-vous donner à un prêtre qui vous demanderait comment faire pour être un bon confesseur ?

Je crois avoir déjà répondu en partie, avec ce que je viens de dire. Qu'il pense à ses péchés, qu'il écoute avec tendresse, qu'il prie le Seigneur de lui donner un cœur aussi miséricordieux que le Sien, qu'il ne jette jamais la première pierre, car lui aussi est un pécheur qui a besoin de pardon. Et qu'il essaie de ressembler à Dieu, dans Sa miséricorde. Voilà ce que j'aurais envie de dire. Nous devons vivre en ayant à l'esprit, et dans le cœur, la parabole du « fils prodigue », le plus jeune des deux frères qui, ayant reçu de son père sa part d'héritage, l'avait entièrement dilapidée en menant une vie de débauche et qui, pour survivre, s'était retrouvé à garder les porcs. Ayant reconnu son erreur, il était rentré à la maison, pour demander à son père de l'admettre, au moins, parmi les serviteurs ; mais son père, qui l'attendait, l'embrasse avant même qu'il ne reconnaisse ses péchés. C'est cela, l'amour de Dieu, Sa surabondante miséricorde. Il y a un sujet de méditation, qui est l'attitude du frère aîné, celui qui était resté à la maison pour y travailler avec son père, le fils qui s'était toujours bien conduit. Lorsqu'il prend la parole, il est le seul, au fond, à dire la vérité : « Voilà tant d'années que je te sers, sans avoir jamais transgressé un seul de tes ordres, et jamais tu ne m'as donné un chevreau, à moi, pour festoyer avec mes amis ; et ton fils que voici revient, après avoir dévoré tes biens avec des prostituées, et pour lui tu as fait tuer le veau gras » (Lc, XV, 29-30). Il dit la vérité, mais en même temps, il s'exclut lui-même.

V

TROP DE MISÉRICORDE ?

Il y a quelques années, dans une école du nord de l'Italie, un professeur de religion a expliqué à ses élèves la parabole du « fils prodigue » ; il leur a ensuite demandé de rédiger un texte libre, en réécrivant l'histoire qu'ils venaient d'entendre. Dans l'immense majorité des cas, les élèves avaient choisi la fin suivante : le père reçoit le fils prodigue, le punit sévèrement et lui impose de vivre avec les serviteurs. Cela lui apprendra à dilapider toutes les richesses familiales…

C'est une réaction tout à fait humaine. La réaction du fils aîné est humaine. Alors que la miséricorde de Dieu est divine.

Comment affronter le complexe du fils aîné de la parabole ? On entend parfois dire, y compris au sein de l'Église : trop de miséricorde ! L'Église doit condamner le péché...

L'Église condamne le péché parce qu'elle doit dire la vérité : ceci est un péché. Mais en même temps, elle embrasse le pécheur qui se reconnaît tel, elle est proche de lui, elle lui parle dans l'infinie miséricorde de Dieu. Jésus a pardonné même à ceux qui L'ont crucifié et méprisé. Nous devons revenir à l'Évangile. Dans celui-ci, il n'est pas seulement question d'accueil ou de pardon, mais de « fête » pour le retour du fils. La joie de la fête est l'expression de la miséricorde, qu'exprime parfaitement l'Évangile selon saint Luc : « Il y aura plus de joie dans le ciel pour un seul pécheur converti que pour quatre-vingt-dix-neuf justes, qui n'ont pas besoin de conversion » (Lc, XV, 7). Il ne dit pas : s'il devait rechuter, revenir en arrière, accomplir de nouveaux péchés, qu'il se débrouille tout seul ! Jésus a dit : « soixante-dix fois sept » (Mt., XVIII, 22). Au fils aîné du père miséricordieux, il a été permis de dire la vérité sur ce qui s'est passé, même s'il ne comprenait pas, y compris parce que, quand l'autre frère a commencé à s'autoaccuser, il n'a pas eu le temps de parler : son père l'a arrêté et embrassé. C'est parce que le péché existe, parce que notre nature humaine est blessée par le péché originel, que Dieu, qui a donné Son Fils pour nous, ne peut que se révéler à travers la miséricorde. Dieu est un père vigilant, attentif, prêt à accueillir tous ceux qui font un pas, ou qui éprouvent le désir de faire un pas vers la maison. Il est là à scruter l'horizon, Il nous attend, Il est déjà en train de nous attendre. Aucun péché humain, aussi grave soit-il, ne peut prévaloir sur la miséricorde, ou la limiter. Alors qu'il était évêque de Vittorio Veneto depuis quelques années, Albino Luciani proposa des exercices de réflexion spirituelle aux prêtres, et, commentant la parabole du fils prodigue, il leur dit, à propos du Père : « Lui, Il attend. Toujours. Et il n'est jamais trop tard. C'est ainsi, Il est ainsi fait… Il est Père. Un Père qui attend sur le seuil de la porte. Qui nous aperçoit même si nous sommes encore loin, et qui S'attendrit, et qui Se précipite vers nous pour jeter Ses bras autour de notre cou, et nous embrasser tendrement. Notre péché devient alors une sorte de bijou que nous pouvons Lui offrir, pour Lui donner la consolation de nous pardonner… On montre sa largesse lorsqu'on offre des bijoux, et ce n'est pas une défaite, mais une victoire joyeuse, que de laisser Dieu remporter la victoire ! »

En suivant le Seigneur, l'Église est appelée à répandre sa miséricorde sur tous ceux qui se reconnaissent pécheurs, responsables du mal qu'ils ont accompli, qui sont demandeurs de pardon. L'Église n'est pas là pour condamner, mais pour permettre la rencontre avec cet amour viscéral qui est la miséricorde de Dieu. Pour que cela se produise, je le répète souvent, il est nécessaire de sortir. Sortir des églises et des paroisses, sortir et aller chercher les gens là où ils vivent, où ils souffrent, où ils espèrent. L'hôpital de campagne, l'image avec laquelle je me plais à représenter cette « Église en sortie », a pour caractéristique de naître là où l'on se bat : ce n'est pas la structure solide, pourvue de tout, où l'on va soigner les maladies bénignes ou gravissimes. C'est une structure mobile, de sauvetage, d'intervention rapide, pour éviter que les combattants ne succombent. On y pratique la médecine d'urgence, et non les check-up spécialisés. J'espère que le jubilé extraordinaire fera émerger, de plus en plus, le visage d'une Église qui redécouvre le ventre maternel de la miséricorde, et qu'elle ira à la rencontre des nombreux « blessés » qui ont besoin d'écoute, de compréhension, de pardon et d'amour.

VI

PASTEURS, NON DOCTEURS DE LA LOI

Peut-il y avoir miséricorde sans la reconnaissance de son propre péché ?

La miséricorde existe, mais si l'on ne se reconnaît pas pécheur, cela veut dire qu'on ne veut pas la recevoir, qu'on n'en ressent pas le besoin. Parfois, on peut avoir des difficultés à comprendre ce qui nous arrive. On peut être parfois découragé, croire qu'il est impossible de se relever. On peut aussi préférer ses propres blessures, les blessures du péché, et faire comme le chien : les lécher. C'est une maladie narcissique qui n'apporte qu'amertume. Il y a un plaisir dans l'amertume, un plaisir morbide.

Si nous ne partons pas de notre misère, si nous restons des êtres perdus, si nous désespérons de la possibilité d'être pardonnés, nous finissons par lécher nos plaies qui restent ouvertes et ne guérissent jamais. Alors que le remède existe, que la guérison est possible, si seulement nous faisons un petit pas vers Dieu, ou si nous avons, au moins, le désir de le faire. Il suffit d'un tout petit rai de lumière, il suffit de prendre son propre état au sérieux. Il est également important de ne pas oublier, de nous souvenir d'où nous venons, de ce que nous sommes, de notre néant. Il est important de ne pas se croire autosuffisant.

Sainte Thérèse d'Ávila mettait ses sœurs en garde contre la vanité et la suffisance. Lorsqu'elle entendait dire : « On m'a fait cela sans raison », elle répondait : « Que Dieu nous libère des mauvaises raisons. Celle qui n'a pas voulu porter sa croix, je ne sais pas pourquoi elle est dans un monastère. » Personne ne peut parler d'injustice s'il ne pense pas aux nombreuses injustices qu'il a lui-même commises devant Dieu. Nous ne devons jamais oublier nos origines, la boue d'où nous avons été tirés, et cela vaut avant tout pour ceux qui se sont consacrés à Dieu.

Que pensez-vous de ceux qui confessent toujours les mêmes péchés ?

Si vous voulez parler de la répétition, quasi automatique, d'une liste, je dirais que le pénitent ne s'est pas bien préparé, qu'il n'a pas été bien catéchisé, qu'il ne sait pas faire son examen de conscience, qu'il ne connaît pas les nombreux péchés que l'on commet, et dont il n'est pas conscient. En ce qui me concerne, j'aime beaucoup la confession des enfants, parce qu'ils ne sont pas dans l'abstraction, ils disent les choses telles qu'elles se sont déroulées. Ils vous font sourire. Ils sont simples : il racontent ce qui s'est passé, ils savent que ce qu'ils ont fait est mal.

Quand on est dans la répétition et qu'elle devient habitude, c'est comme si l'on n'arrivait pas à grandir dans la connaissance de soi et du Seigneur ; c'est ne pas reconnaître que l'on a péché, que l'on a des blessures à guérir. La confession qui devient routine rejoint l'exemple du pressing, que j'ai évoqué précédemment. Combien de personnes blessées, y compris psychologiquement, qui ne reconnaissent pas qu'elles le sont ! Je dirais cela en pensant à ceux qui se confessent avec une liste.

Quant à celui qui retombe dans le même péché et qui en souffre, qui peine à se relever, c'est une autre affaire. Il y a beaucoup de gens humbles qui avouent leurs rechutes. L'important, dans la vie de tout homme et de toute femme, n'est pas le fait de ne jamais tomber en chemin. L'important, c'est de toujours se relever, de ne pas rester à terre à lécher ses propres plaies. Le Seigneur de la miséricorde me pardonne toujours ; Il m'offre donc la possibilité de toujours repartir. Il m'aime pour ce que je suis, Il veut me soulager, Il me tend la main. Cela aussi, c'est une des tâches de l'Église : faire sentir aux gens qu'il n'existe pas de situation sans issue, que, tant que nous sommes vivants, nous pouvons toujours recommencer, si seulement nous permettons à Jésus de nous embrasser et de nous pardonner.

À l'époque où j'étais recteur du Collège des Jésuites, et prêtre en Argentine, j'ai fait la connaissance d'une femme, mère de deux enfants en bas âge, abandonnée par son mari. Elle n'avait pas de travail fixe, elle arrivait à faire des travaux occasionnels, seulement quelques mois par an. Lorsqu'elle n'avait pas de travail, elle se prostituait pour nourrir ses enfants. Elle était humble, elle fréquentait la paroisse ; nous essayions de l'aider avec l'association Caritas. Je me souviens qu'un jour – c'était au moment des fêtes de Noël –, elle est venue au Collège avec ses enfants et a demandé à me voir. On m'a appelé et je l'ai reçue. Elle était là pour me remercier. J'ai cru que c'était pour le colis de produits alimentaires de Caritas, que nous lui avions envoyé. « Tu l'as reçu ? » lui ai-je demandé. Et elle : « Oui, oui, je vous remercie pour cela aussi. Mais je suis surtout venue vous remercier de m'avoir appelée "madame". » Ce sont des expériences qui vous apprennent à quel point il est important d'accueillir avec délicatesse la personne qui est en face de vous, de ne pas offenser sa dignité. Pour cette femme, le fait que le prêtre – tout en devinant la vie qu'elle menait, les mois où elle n'avait pas d'autre solution – continuait à l'appeler « madame », était aussi important, voire plus, que l'aide concrète que nous lui apportions.

Puis-je vous demander quelle est votre expérience de confesseur avec les homosexuels ? Vous êtes resté célèbre pour la phrase que vous avez prononcée lors de la conférence de presse, durant votre vol de retour de Rio de Janeiro : « Qui suis-je pour juger ? »

J'avais dit, à cette occasion, que si une personne est gay, qu'elle cherche le Seigneur et qu'elle est de bonne volonté, qui suis-je, moi, pour la juger ? J'avais paraphrasé de mémoire le *Catéchisme de l'Église catholique*, où l'on explique que ces personnes doivent être traitées avec délicatesse, et non marginalisées. Avant tout, j'aime que l'on parle de « personnes homosexuelles » : il y a d'abord la personne, dans son intégrité et sa dignité. Et la personne ne se définit pas seulement par sa tendance homosexuelle ; n'oublions pas que nous sommes tous des créatures aimées de Dieu, destinataires de Son amour infini. Je préfère que les personnes homosexuelles viennent se confesser, qu'elles restent proches du Seigneur, que nous puissions prier ensemble. On peut leur conseiller la prière, la bonne volonté, leur indiquer le chemin, les accompagner.

Peut-il y avoir opposition entre vérité et miséricorde, ou entre doctrine et miséricorde ?

Je répondrais ceci : la miséricorde est vraie, elle est le premier attribut de Dieu. Après, on peut se livrer à des réflexions théologiques sur doctrine et miséricorde, mais sans oublier que la miséricorde est doctrine. Toutefois, je préfère dire : la miséricorde est vraie. Lorsque Jésus se trouve en face de la femme adultère, et des gens qui s'apprêtent à la lapider en appliquant la loi mosaïque, Il s'arrête et écrit sur le sable. Nous ne savons pas ce qu'Il a écrit, l'Évangile ne le dit pas, mais tous ceux qui étaient là, prêts à jeter leur pierre, la lâchent et s'en vont, l'un après l'autre. Il ne reste que la femme, encore épouvantée d'avoir frôlé la mort. Jésus lui dit : « Moi non plus je ne te condamne pas, va et ne pèche plus. » Nous ne savons pas comment cette femme a vécu après cette rencontre, après l'intervention et les mots de Jésus. Nous savons qu'elle a été pardonnée. Nous savons que Jésus dit qu'il faut pardonner soixante-dix fois sept. L'important est de revenir fréquemment aux sources de la miséricorde et de la grâce.

Pourquoi, quand vous commentez l'Évangile dans vos homélies matinales à Sainte-Marthe, parlez-vous si souvent des « docteurs de la Loi » ? Que représentent-ils ?

Leur attitude est décrite dans plusieurs passages de l'Évangile : ce sont les principaux opposants à Jésus, ceux qui Le défient au nom de la doctrine. Une attitude que l'on retrouve tout au long de l'histoire de l'Église.

Au cours d'une assemblée de l'épiscopat italien, un de mes confrères évêque a cité une expression tirée du *De Abraham* de saint Ambroise : « Là où il s'agit de dispenser la grâce, le Christ est présent : lorsqu'on doit exercer la rigueur, seuls les ministres du culte son présents, mais le Christ est absent. » Pensons à toutes les tendances du passé qui réapparaissent sous d'autres formes : les cathares, les pélagiens, qui se justifient eux-mêmes en raison de leurs œuvres et de leur volontarisme, une attitude déjà contestée, de manière extrêmement limpide, par l'Épître aux Romains de saint Paul. Pensons au gnosticisme qui mène à une spiritualité soft, où l'incarnation est absente. Sur ce point, saint Jean est très clair : celui qui nie que Jésus est venu de la chair est l'antéchrist. Je pense souvent au passage de l'Évangile selon saint Marc (I, 40-45) qui raconte la guérison du lépreux par Jésus. Encore une fois, comme dans de nombreuses pages évangéliques, nous voyons que Jésus ne reste pas indifférent, mais qu'Il éprouve de la compassion, qu'Il est concerné et blessé par la douleur, par la maladie, par les demandes de ceux qu'Il rencontre. Il ne se dérobe pas. La loi de Moïse stipulait l'exclusion de la ville pour les lépreux, qui devaient rester à l'extérieur du camp (Lév., XIII, 45-46), dans des lieux désertiques, marginalisés et déclarés impurs. À la souffrance de la maladie s'ajoutait celle de l'exclusion, de la marginalisation, de la solitude. Essayons d'imaginer la charge de douleur et de honte que devait porter le lépreux, qui se sentait non seulement victime de la maladie, mais de plus, coupable, puni pour ses péchés. La Loi, qui conduisait à le marginaliser impitoyablement, visait à éviter la contagion : il fallait protéger les personnes en bonne santé.

Jésus agit en vertu d'une autre logique. Il s'approche du lépreux, à Ses risques et périls, Il le réintègre et le guérit. Et Il nous fait ainsi découvrir un autre horizon, celui de la logique d'un Dieu qui est amour, un Dieu qui veut le salut de tous les hommes. Jésus a touché le lépreux, Il l'a réintégré dans la communauté. Il ne s'est pas arrêté pour étudier la situation de manière théorique, Il n'a pas demandé à des experts s'ils étaient pour ou contre. Ce qui compte vraiment, à Ses yeux, c'est de s'approcher de ceux qui sont loin et de les sauver, comme le fit le Bon Pasteur qui laissa son troupeau pour aller récupérer la brebis égarée. À l'époque comme aujourd'hui, cette logique et cette attitude peuvent scandaliser, susciter les grognements de ceux qui sont habitués, uniquement et depuis toujours, à tout faire entrer dans leurs schémas mentaux et dans leur ritualisme pur et dur au lieu de se laisser surprendre par la réalité, par un amour plus grand et par une autre unité de mesure. Ce faisant, Il nous indique aussi le chemin. Dans ce passage de l'Évangile, nous nous trouvons face à deux logiques en matière de pensée et de foi. D'un côté, la peur de perdre les justes, les rescapés, les brebis qui sont déjà dans la bergerie, en lieu sûr. De l'autre, le désir de sauver les pécheurs, les égarés, ceux qui sont hors de l'enclos. La première logique est celle des docteurs de la Loi, la seconde est la logique de Dieu qui accueille, embrasse, transfigure le mal en bien, transforme et rachète mon péché, commue la condamnation en salut. Jésus entre en contact avec le lépreux, Il le touche. Ce faisant, Il nous enseigne ce qu'il faut faire, quelle logique suivre, face aux personnes qui souffrent physiquement et moralement. Nous devons suivre cet exemple, en combattant les préjugés et l'intransigeance, à l'instar des apôtres des premiers temps de l'Église lorsqu'ils durent vaincre, entre autres, les résistances de ceux qui exigeaient une stricte observance des lois de Moïse, même de la part des païens convertis.

Et qu'en est-il du risque de « contagion », du risque de se laisser contaminer ?

Il faut entrer dans l'obscurité, dans la nuit que traversent tant de nos frères. Être capables d'entrer en contact avec eux, de leur faire sentir notre proximité, sans nous laisser engloutir et conditionner par cette obscurité. Aller vers les exclus, vers les pécheurs, ne signifie pas permettre aux loups d'entrer dans la bergerie. C'est chercher à toucher tout le monde en témoignant de la miséricorde, celle dont nous avons été les premiers à faire l'expérience, sans jamais céder à la tentation de nous croire justes ou parfaits. Plus nous serons conscients de notre misère et de notre péché, plus nous sentirons sur nous l'amour et l'infinie miséricorde de Dieu, et serons capables de faire face aux nombreux « blessés » que nous rencontrerons en chemin, avec un regard accueillant et miséricordieux. Et donc, en évitant l'attitude de ceux qui jugent et condamnent du haut de leur propre assurance, en cherchant la paille dans l'œil d'autrui sans jamais apercevoir la poutre qui est dans le leur. N'oublions jamais que notre Dieu accueille plus joyeusement un pécheur qui rentre au bercail que quatre-vingt-dix-neuf justes qui n'ont pas besoin de conversion. Lorsque quelqu'un s'aperçoit qu'il est malade dans son âme, quand l'Esprit saint – c'est à dire la grâce divine – agit sur le cœur, et le pousse vers la reconnaissance de son propre péché, il doit trouver les portes ouvertes, et non fermées. Il doit trouver de l'accueil, non un jugement, des préjugés ou une condamnation. Il doit être aidé, et non repoussé ou marginalisé. Les chrétiens risquent parfois, avec leur psychologie de docteurs de la Loi, d'éteindre ce que l'Esprit saint allume dans le cœur d'un pécheur, de celui qui se tient sur le seuil, qui commence à ressentir la nostalgie de Dieu. Mais je voudrais aussi souligner une autre attitude des docteurs de la Loi, et dire que chez eux, il y a souvent de l'hypocrisie, une adhésion formelle à la Loi, qui cache des blessures très profondes. Jésus utilise des mots extrêmement durs, Il les appelle des « sépulcres blanchis », fidèles à l'observance de la loi seulement à l'extérieur, mais à l'intérieur… hypocrites. Des hommes qui n'étaient attachés qu'à la lettre de la Loi, mais qui négligeaient l'amour ; des hommes qui ne savaient que fermer les portes et ériger des frontières. Le chapitre XXIII de l'Évangile selon saint Matthieu est clair, il faut le relire pour comprendre ce qu'est l'Église, et ce qu'elle ne devrait jamais être. Il décrit l'attitude de ceux qui imposent aux autres de lourds fardeaux, alors qu'eux-mêmes ne lèvent même pas le petit doigt ; ces gens-là aiment les premières places, ils veulent qu'on les appelle des « maîtres ». À l'origine de ces comportements, il y a l'affaiblissement de l'étonnement face à la possibilité de salut qui nous a été donnée. Dès que quelqu'un se sent un peu plus sûr de lui, il commence à s'emparer de facultés qui ne sont pas les siennes, mais celles du Seigneur. L'étonnement diminue : c'est la base du cléricalisme et de l'attitude de ceux qui se croient purs. L'adhésion formelle aux règles, à nos schémas mentaux, prédomine. L'étonnement s'estompe, nous croyons pouvoir nous débrouiller seuls, convaincus d'être des personnages de premier plan. Et si quelqu'un est un ministre de Dieu, il finit par se croire différent du peuple, propriétaire de la doctrine, détenteur d'un pouvoir, fermé aux surprises de Dieu. La « dégradation de l'étonnement » est une expression qui me parle particulièrement. Parfois, je me suis surpris à penser qu'une bonne glissade ferait du bien à certains personnages si rigides, car ainsi, en se reconnaissant pécheurs, ils rencontreraient Jésus. Je songe aux paroles du serviteur de Dieu Jean-Paul Ier qui avait dit, lors d'une audience du mercredi : « Le Seigneur aime tellement l'humilité que, parfois, Il permet de graves péchés. Pourquoi ? Pour que ceux qui les ont commis, ces péchés, conservent leur humilité après s'être repentis. » Et quelques jours plus tard, à une autre occasion, ce même pape avait rappelé que saint François de Sales parlait de « nos chères imperfections ». « Dieu déteste les défauts, parce que ce sont des défauts. En un certain sens, toutefois, Il aime les défauts, parce qu'ils Lui donnent l'occasion de montrer Sa miséricorde et à nous de demeurer humbles, de comprendre et d'excuser les défauts de notre prochain. »

Vous avez cité à plusieurs reprises des exemples d'attitudes de fermeture : qu'est-ce qui éloigne les gens de l'Église ?

Justement ces jours-ci, j'ai reçu un message électronique d'une dame qui habite dans une ville en Argentine. Elle me raconte que, il y a vingt ans, elle s'était adressée au tribunal ecclésiastique pour entamer la procédure en reconnaissance de nullité de son mariage. Elle avait des motifs sérieux et fondés. Un prêtre lui avait dit que l'on pouvait procéder sans problème, car il s'agissait d'un cas très clair, concernant la constatation des causes de nullité. Mais avant tout chose, en la recevant, il lui avait demandé de verser cinq mille dollars. Elle a été indignée et a quitté l'Église. Je l'ai appelée au téléphone, j'ai parlé avec elle. Elle m'a dit qu'elle avait deux filles, très engagées dans la paroisse. Et elle m'a parlé d'un fait qui venait de se passer dans sa ville : un nouveau-né de quelques jours était mort sans baptême, dans une clinique. Le prêtre n'avait pas laissé entrer dans l'église les parents avec le cercueil de l'enfant, il avait exigé qu'ils s'arrêtent devant la porte car l'enfant n'était pas baptisé et par conséquent, il ne pouvait pas franchir le seuil. Lorsque les gens se trouvent face à de tels exemples, où ils voient que l'intérêt, l'absence de miséricorde et d'ouverture l'emportent, ils sont indignés.

Dans l'exhortation apostolique Evangelii Gaudium, *vous avez écrit : « Un petit pas, au milieu des grandes limites humaines, peut être plus agréable à Dieu que la vie apparemment correcte de ceux qui passent leurs jours sans affronter de grosses difficultés. » Qu'est-ce que cela signifie ?*

Cela me semble plutôt clair. C'est la doctrine catholique, elle fait partie de la grande loi de l'Église, qui est celle du « et et » et non du « ou ou ». Pour certaines personnes, vu l'état où elles se trouvent, le drame humain qu'elles vivent, un petit pas, un petit changement vaut énormément aux yeux de Dieu. Je me souviens avoir rencontré un jour une jeune fille, à l'entrée d'un sanctuaire. Elle était belle et souriante. Elle m'a dit : « Mon père, je suis contente, je viens remercier la Sainte Vierge pour la grâce qu'Elle m'a faite. » Elle était l'aînée de la fratrie, elle n'avait pas de père, et pour aider financièrement sa famille, elle se prostituait. « Il n'y avait aucun autre travail dans mon village... » Elle m'a raconté qu'un jour, un homme est arrivé dans la maison close. Il se trouvait là par hasard, il venait d'une grande ville. Ils se sont plu, et à la fin, il lui a proposé de le suivre. Pendant longtemps, elle s'était adressée à la Vierge, pour lui demander un travail qui lui aurait permis de changer de vie. Elle était tout heureuse de pouvoir cesser de faire ce qu'elle faisait. Je lui ai posé deux questions : la première concernait l'âge de l'homme qu'elle avait rencontré. Je voulais m'assurer que ce n'était pas un homme âgé, qui n'aurait cherché qu'à l'exploiter. Elle m'a répondu qu'il était jeune. Je lui ai ensuite demandé : « Et tu te marieras ? » Et elle : « Je voudrais bien, mais je n'ose pas le lui demander, j'ai peur de l'effrayer... » Elle était si heureuse de pouvoir quitter le monde où elle avait vécu pour entretenir sa famille !

Un autre exemple de geste apparemment petit, mais grand aux yeux de Dieu, c'est celui de beaucoup de mamans et d'épouses qui, le samedi ou le dimanche, font la queue devant l'entrée des prisons pour apporter de la nourriture et des cadeaux à leur fils ou leur mari détenus. Elles se soumettent à l'humiliation des fouilles. Elles ne renient pas leur fils ou leur mari qui ont commis des erreurs, elles vont leur rendre visite. Ce geste, petit en apparence, est très grand aux yeux de Dieu. C'est un geste de miséricorde, en dépit des erreurs commises par les êtres chers.

VII

PÉCHEURS, OUI, CORROMPUS, NON

Dans la bulle d'indiction du jubilé de la Miséricorde[1]*, vous avez écrit : « Si Dieu s'arrêtait à la justice, Il cesserait d'être Dieu ; Il serait comme tous les hommes qui invoquent le respect de la loi. La justice seule ne suffit pas et l'expérience montre que faire uniquement appel à elle risque de l'anéantir. »*

Dans le Livre de la Sagesse (Sag., XII, 18-19), nous pouvons lire : « Mais toi, dominant ta force, tu juges avec modération, et tu gouvernes avec beaucoup d'indulgence. (...) En agissant ainsi, tu as appris à ton peuple que le juste doit aimer les hommes, et tu as donné à tes fils le doux espoir qu'après les péchés, tu donnes la possibilité de se repentir. » La miséricorde est un élément

---

1. Voir p. 125.

important, je dirais même indispensable dans les relations humaines, pour qu'il y ait de la fraternité. La seule mesure de la justice ne suffit pas. Avec la miséricorde et le pardon, Dieu va au-delà de la justice, Il l'englobe et la dépasse, en un événement supérieur dans lequel on fait l'expérience de l'amour, qui est le fondement de la vraie justice.

La miséricorde a-t-elle aussi une valeur publique ? Quel écho peut-elle avoir dans la vie sociale ?

Elle a cette valeur, bien sûr. Rappelons-nous le Piémont à la fin du XIXe siècle, les Maisons de la miséricorde, les saints de la miséricorde, Giuseppe Cottolengo[1], Don Bosco[2]... Cottolengo avec les malades, Don Cafasso[3] qui accompagnait

---

1. Prêtre italien (1786-1842) qui a consacré son existence aux infirmes et aux malades déshérités, canonisé en 1934.

2. Prêtre piémontais (1815-1888) qui a voué sa vie aux enfants pauvres. Fondateur de la Congrégation des salésiens, il a été canonisé en 1934.

3. Prêtre, théologien, aumônier des condamnés à mort (1811-1860), il fut le guide spirituel de Don Bosco. Il a été canonisé en 1947.

au gibet les condamnés à mort. Pensons à ce que signifient aujourd'hui les œuvres initiées par Mère Teresa de Calcutta, quelque chose qui va à l'encontre de tous les calculs humains : donner sa vie pour aider les personnes âgées et malades, aider les pauvres parmi les pauvres à mourir dignement, dans un lit propre. Cela vient de Dieu. Le christianisme a adopté l'héritage de la tradition hébraïque, l'enseignement des prophètes concernant la protection de l'orphelin, de la veuve et de l'étranger. La miséricorde et le pardon sont également importants dans les rapports sociaux et dans les relations entre les États. Saint Jean-Paul II, dans son message pour la Journée mondiale de la paix, en 2002, au lendemain des attaques terroristes aux États-Unis, affirmait qu'il n'y a pas de justice sans pardon, et que la capacité de pardon est à la base de tout projet de société future plus juste et plus solidaire. Le refus du pardon, la loi de l'« œil pour œil, dent pour dent » risque d'alimenter une spirale de conflits sans fin.

Puis-je vous demander comment on peut concilier justice terrestre et miséricorde, surtout lorsque quelqu'un est coupable de fautes graves et de crimes terribles ?

Même dans la justice terrestre, dans les normes judiciaires, une conscience nouvelle est en marche. Nous avons déjà évoqué, au cours de cette conversation, la norme « *in dubio pro reo* », le doute profite à l'accusé. Pensons aux progrès de la conscience mondiale, en matière de refus de la peine de mort. Pensons à tout ce que l'on essaie de faire pour la réinsertion sociale des détenus, afin que celui qui a commis une erreur puisse, une fois qu'il a payé sa dette à la justice, trouver facilement un travail, au lieu de rester en marge de la société.

J'ai utilisé une croix pastorale en bois d'olivier, réalisée dans un atelier de menuiserie qui fait partie d'un projet de réinsertion pour les détenus et les drogués. Je connais des initiatives positives, de travail au sein des prisons. La miséricorde divine a un effet de contagion sur l'humanité. Jésus était Dieu mais Il était également homme, et dans Sa personne, nous trouvons aussi la miséricorde humaine. Avec la miséricorde, la justice est plus juste, elle se réalise pleinement elle-même. Cela ne veut pas dire qu'il faille être laxiste, ouvrir tout grand les portes des prisons pour laisser sortir ceux qui ont commis des délits très graves. Cela veut dire que nous devons aider ceux qui sont tombés à se relever. Il est difficile de mettre cela en pratique, car parfois, nous préférons enfermer quelqu'un en prison plutôt que d'essayer de le récupérer, en l'aidant à se réinsérer dans la société.

Dieu pardonne tout, Il offre une deuxième chance à tout le monde, Il répand Sa miséricorde sur tous ceux qui la demandent. C'est nous qui ne savons pas pardonner.

Vous avez dit, durant une homélie à Sainte-Marthe : « Pécheurs, oui, corrompus, non ! » Quelle différence y a-t-il entre péché et corruption ?

La corruption est le péché qui, au lieu d'être reconnu en tant que tel et de nous rendre humbles, est érigé en système, devient une habitude mentale, une manière de vivre. Nous n'éprouvons plus le besoin de pardon et de miséricorde, nous

nous justifions nous-mêmes, et justifions nos comportements. Jésus dit à Ses disciples : si ton propre frère t'offense sept fois par jour, et revient te voir sept fois par jour pour te demander pardon, pardonne-lui. Le pécheur repenti, qui tombe, puis retombe dans le péché en raison de sa propre faiblesse, trouve de nouveau le pardon s'il reconnaît son besoin de miséricorde. Le corrompu, en revanche, est celui qui pèche et ne s'en repent pas, celui qui pèche et feint d'être chrétien, et dont la vie est scandaleuse.

Le corrompu ignore l'humilité, ne considère pas qu'il a besoin d'aide, et mène une double vie. En 1991, j'avais consacré à ce sujet un long article, publié sous forme de petit livre intitulé *Corrupciòn y pecado*[1]. Il ne faut pas accepter l'état de corruption comme si ce n'était qu'un péché de plus : même si l'on identifie souvent la corruption au péché, il s'agit, en fait, de deux réalités distinctes, bien qu'elles soient liées. Le péché, surtout s'il est réitéré, peut conduire à la corruption, pas tant quantitativement – dans ce sens qu'un certain nombre de péchés font un corrompu – que qualitativement : on crée des habitudes qui limitent la capacité d'aimer, et qui conduisent à

1. *Guérir de la corruption*, Éditions Embrasure, 2014.

la suffisance. Le corrompu se lasse de demander pardon et finit par croire qu'il ne doit plus le demander. On ne se transforme pas en corrompu du jour au lendemain : il y a une longue dégradation, au cours de laquelle on finit par ne plus s'identifier à une série de péchés. Quelqu'un peut être un grand pécheur et, néanmoins, ne pas tomber dans la corruption. En lisant l'Évangile, je pense, par exemple, aux personnages de Zachée, de Matthieu, de la Samaritaine, de Nicodème, du bon larron : dans leur cœur de pécheur, tous avaient quelque chose qui les sauvait de la corruption. Ils étaient ouverts au pardon, leur cœur connaissait sa propre faiblesse et c'est ce rai de lumière qui a laissé entrer la force de Dieu. En se reconnaissant tel, le pécheur, d'une certaine façon, reconnaît que ce à quoi il a adhéré, ou adhère, est erroné. Alors que le corrompu, lui, cache ce qu'il considère comme son véritable trésor, ce qui le rend esclave, et il masque son vice sous un vernis de bonne éducation, faisant toujours en sorte de sauver les apparences.

Plus encore que le péché, la corruption tient une place non négligeable dans la société : il suffit de lire les journaux…

La corruption n'est pas une action, mais un état, un état personnel et social, dans lequel on prend l'habitude de vivre. Le corrompu est tellement enfermé dans sa suffisance, et satisfait de celle-ci, qu'il ne se laisse toucher par rien ni par personne. Il a construit une estime de soi basée sur des comportements frauduleux : il passe sa vie dans les chemins de traverse de l'opportunisme, au prix de sa propre dignité et de celle des autres. Le corrompu a toujours la tête de quelqu'un qui dit : « Ce n'est pas moi qui ai fait ça ! » C'est ce que ma grand-mère appelait « faire la sainte-nitouche ». Le corrompu est celui qui s'indigne parce qu'on lui a volé son portefeuille, et qui se plaint de l'insécurité dans les rues ; mais ensuite, il escroque l'État en pratiquant l'évasion fiscale, ou bien il licencie ses employés tous les trois mois pour éviter de les embaucher en contrat à durée indéterminée, ou les exploite en les faisant travailler au noir. Après quoi, il se vante de ces prouesses devant ses amis. C'est celui qui va peut-être à la messe tous les dimanches, mais qui utilise son pouvoir sans vergogne, en exigeant le paiement de pots-de-vin. La corruption fait perdre la pudeur qui, elle, cache la vérité, la bonté, la beauté. Souvent, le corrompu ne se rend même pas compte de son état, de même que celui qui a mauvaise haleine l'ignore. Et il n'est pas facile pour le corrompu de sortir de cet état grâce au remords. Généralement, le Seigneur le sauve à travers les grandes épreuves de la vie, des situations inévitables qui brisent la coquille qu'il s'est construite peu à peu, permettant ainsi à la grâce d'entrer.

Nous devons le répéter . pécheurs, oui, corrompus, non ! Pécheurs, oui. Comme le disait le publicain dans le Temple, sans même avoir le courage de lever les yeux vers le ciel. Pécheurs, oui, comme Pierre qui se reconnaît tel, en pleurant amèrement après avoir renié Jésus. Pécheurs, oui. Comme nous le fait reconnaître l'Église avec tant de sagesse, au début de chaque messe, quand nous sommes invités à nous frapper la poitrine, c'est-à-dire à reconnaître que nous avons besoin de salut et de miséricorde. Nous devons prier de manière particulière pendant ce jubilé, pour que Dieu crée une brèche, y compris dans le cœur des corrompus, en leur donnant la grâce de la honte, la grâce de se reconnaître comme des pécheurs qui ont besoin de Son pardon.

Vous avez dit à plusieurs reprises : « Dieu ne Se lasse jamais de pardonner, c'est nous qui nous lassons de Lui demander pardon. » Pourquoi Dieu ne Se lasse-t-Il jamais de pardonner ?

Parce que c'est Dieu, parce qu'Il est miséricorde, et parce que la miséricorde est le premier attribut de Dieu. Elle est le nom de Dieu.

Il n'est pas de situation dont nous ne puissions sortir ; nous ne sommes pas condamnés à nous enliser dans les sables mouvants, dans lesquels, plus nous bougeons, plus nous nous enfonçons. Jésus est là, la main tendue, prêt à nous saisir et à nous tirer de la boue, du péché, même si nous sommes tombés dans l'abîme du mal. Nous devons seulement prendre conscience de notre état, être honnêtes envers nous-mêmes, ne pas lécher nos blessures. Demander la grâce de nous reconnaître pécheurs, responsables de ce mal. Plus nous reconnaîtrons nos propres manquements, plus nous éprouverons de la honte et nous

nous humilierons, plus vite nous serons inondés par l'étreinte de sa grâce. Jésus nous attend, nous précède, nous tend la main, est patient avec nous. Dieu est fidèle.

La miséricorde sera toujours plus grande que tous les péchés, nul ne pourra mettre une limite à l'amour de Dieu qui pardonne. Si seulement nous Le considérons, si seulement nous levons notre regard, recroquevillé sur notre moi et sur nos blessures, et si nous laissons au moins un rai de lumière à l'action de Sa grâce, Jésus accomplit des miracles, y compris avec notre péché, avec ce que nous sommes, avec notre néant, avec notre misère.

Je pense au miracle des « noces de Cana », le premier miracle qui est littéralement « arraché » à Jésus par Sa Mère. Jésus transforme l'eau en vin, le meilleur des vins. Il le fait en utilisant l'eau des jarres qui servaient à la purification rituelle, à se laver des souillures spirituelles. Le Seigneur ne fait pas jaillir le vin du néant, Il utilise l'eau des récipients dans lesquels les gens se sont « lavés » de leurs péchés, l'eau qui contient des impuretés. Il accomplit un miracle avec ce qui, à nous, nous semble impur. Il le transforme, rendant évidente l'affirmation de l'apôtre Paul dans l'Épître aux

Romains : « Où le péché s'est multiplié, la grâce a surabondé » (Rom., V, 20).

Les Pères de l'Église parlent de cela. Saint Ambroise, en particulier, dit : « La faute nous a profité plus qu'elle ne nous a nui, car elle a donné à la miséricorde divine une occasion de rachat » (*De institutione virginis*, 104). Il dit aussi : « Dieu a préféré qu'il y eût plus d'hommes à sauver, et auxquels pouvoir accorder le péché, que d'avoir le seul Adam, afin qu'il restât libre de la faute » (*De paradiso*, 47).

Comment peut-on enseigner la miséricorde aux enfants ?

En les habituant aux récits de l'Évangile, aux paraboles. En dialoguant avec eux et, surtout, en leur faisant faire l'expérience de la miséricorde. En leur faisant comprendre que, dans la vie, on peut se tromper, mais que l'important est de toujours se relever. En parlant de la famille, j'ai dit que c'est l'hôpital le plus proche : lorsque quelqu'un est malade, c'est là qu'on se soigne, tant qu'on peut le faire. La famille est la première école des enfants, elle est la référence incontournable pour les jeunes, le meilleur refuge pour les plus âgés. J'ajoute que la famille est aussi la première école de miséricorde, car si l'on est aimé et si l'on apprend à aimer, on est pardonné et on apprend à pardonner.

Je pense au regard d'une mère qui s'épuise au travail, pour ramener à la maison le pain pour son fils drogué. Elle l'aime, nonobstant ses erreurs.

VIII

MISÉRICORDE ET COMPASSION

Quelles différences et quels points communs y a-t-il entre miséricorde et compassion ?

La miséricorde est divine, elle a plus à voir avec le jugement sur notre péché. La compassion a un visage plus humain. Elle signifie souffrir avec, souffrir ensemble, ne pas rester indifférent à la douleur et à la souffrance d'autrui. C'est ce que Jésus éprouvait lorsqu'Il voyait les foules qui Le suivaient. Il avait invité les apôtres à l'écart, dans un lieu désert, écrit Marc dans son Évangile. La foule les vit partir en barque, elle comprit vers où ils se dirigeaient et alla dans la même direction à pied, en les précédant. Jésus sortit de la barque et « en débarquant, Il vit une foule nombreuse et Il eut de la compassion pour elle, parce qu'ils étaient comme des brebis qui n'ont pas de berger, et Il se mit à les enseigner longuement » (Mc, VI, 34).

Pensons au beau passage qui décrit la résurrection du fils de la veuve de Naïn lorsque Jésus, en arrivant dans ce village de Galilée, est ému devant les larmes de cette femme, veuve, détruite par la perte de son seul fils. Il lui dit : « Femme, ne pleure pas. » Luc écrit : « En la voyant, le Seigneur fut pris d'une grande compassion pour elle » (Lc, VII, 13). Le Dieu fait homme se laisse émouvoir par la misère humaine, par nos manques, par notre souffrance. Le verbe grec qui désigne cette compassion est *σπλαγχνίζομαι (splagchnízomai)* et dérive du mot désignant les viscères et l'utérus maternel. Elle est semblable à l'amour d'un père et d'une mère, qui sont profondément émus par leur propre fils, c'est un amour viscéral. Dieu nous aime de cette façon-là, avec compassion et miséricorde. Jésus ne considère pas la réalité de l'extérieur, froidement, comme s'Il prenait une photographie. Il est concerné. On a besoin de cette compassion aujourd'hui, pour vaincre la généralisation de l'indifférence. On a besoin de ce regard quand on se trouve devant un pauvre, un exclu, un pécheur. Une compassion qui se nourrit de la conscience que nous aussi, nous sommes autant de pécheurs.

Quels points communs et quelles différences existe-t-il entre la misère de Dieu et celle des hommes ?

Ce parallèle peut être établi pour chaque vertu et pour chaque attribut de Dieu. Marcher sur le chemin de la sainteté signifie vivre en présence de Dieu, être irréprochable, tendre l'autre joue, c'est-à-dire imiter Son infinie miséricorde. « Si quelqu'un t'oblige à faire mille pas, fais-en deux mille avec lui » (Mt., V, 41). « À qui t'enlève ton manteau, ne refuse pas ta tunique » (Lc, VI, 29). « Donne à celui qui te demande, et ne te détourne point de celui qui veut emprunter de toi » (Mt., V, 42). Et enfin : « Aimez vos ennemis et priez pour vos persécuteurs » (Mt., V, 44). Tous ces enseignements de l'Évangile nous aident à comprendre la surabondance de la miséricorde, la logique de Dieu.

Jésus envoie les Siens, non comme les détenteurs d'un pouvoir ou comme les propriétaires d'une loi. Il les envoie dans le monde en leur demandant de vivre dans la logique de l'amour et de la gratuité. L'annonce chrétienne se transmet en accueillant celui qui est en difficulté, en accueillant l'exclu, le marginalisé, le pécheur. Dans les Évangiles, nous lisons la parabole du roi qui donne un festin pour les noces de son fils (Mt., XXII, 1-14 ; Lc, XIV, 15-24). Il advient que ceux qui avaient été invités, c'est-à-dire les meilleurs sujets, ne répondent pas à l'invitation, car ils sont trop pris par leurs occupations. Le roi ordonne donc à ses serviteurs d'aller par les rues, les carrefours, de rassembler tous ceux qu'ils rencontreront, bons ou méchants, pour les faire participer au banquet.

IX

POUR VIVRE LE JUBILÉ

Quelles sont les expériences les plus importantes qu'un croyant devrait vivre durant l'Année sainte de la Miséricorde ?

S'ouvrir à la miséricorde de Dieu, ouvrir soi-même et son propre cœur, permettre à Jésus de venir à sa rencontre, en s'approchant du confessionnal avec confiance. Et essayer d'être miséricordieux avec les autres.

Les fameuses « œuvres de miséricorde[1] » de la tradition chrétienne sont-elles encore valables en ce troisième millénaire, ou faut-il les repenser ?

Elles sont actuelles, elles sont toujours valables. Peut-être pourrait-on, dans certains cas, mieux les « traduire », mais elles demeurent la base de notre examen de conscience. Elles nous aident à nous ouvrir à la miséricorde de Dieu, à demander la grâce de comprendre que, sans miséricorde, la personne ne peut rien faire, que tu ne peux rien faire, et que « le monde n'existerait pas », comme le disait la vieille dame que j'ai rencontrée en 1992.

Considérons avant tout les sept œuvres de miséricorde corporelle : donner à manger aux affamés, donner à boire aux assoiffés ; vêtir ceux qui sont nus ; abriter les étrangers ; visiter les infirmes ; visiter les prisonniers ; ensevelir les morts. Il me semble qu'il n'y a pas grand-chose à expliquer. Et si nous considérons notre situation, notre société, je crois que les occasions ne manquent pas, autour

1. Définies dans Mt., XXV, 34-36, ce sont les actions que chaque chrétien doit accomplir pour se montrer charitable et racheter ses fautes.

de nous. Face à un sans-logis qui campe au pied de notre maison, au pauvre qui n'a pas à manger, à nos voisins qui n'arrivent pas à finir le mois à cause de la crise, parce que le mari a perdu son travail, que devons-nous faire ? Face aux migrants qui survivent à la traversée et débarquent sur nos côtes, comment devons-nous nous comporter ? Face aux personnes âgées qui sont seules, abandonnées, qui n'ont plus personne, que devons-nous faire ?

C'est gratuitement que nous avons reçu, c'est gratuitement que nous donnons. Nous servons Jésus crucifié à travers chaque personne que nous aidons. Nous touchons la chair du Christ à travers ceux qui sont exclus, qui ont faim, qui ont soif, qui sont nus, prisonniers, malades, chômeurs, persécutés, réfugiés. C'est là que nous trouvons notre Dieu, que nous touchons le Seigneur. Jésus Lui-même l'a dit, en expliquant quel sera le protocole en vertu duquel nous serons tous jugés : chaque fois que nous l'aurons fait au plus petit de nos frères, c'est à Lui que nous l'aurons fait (Mt., XXV, 31-46).

Aux œuvres de miséricorde corporelle font suite les œuvres de miséricorde spirituelle :

conseiller ceux qui sont dans le doute ; instruire les ignorants ; exhorter les pécheurs ; consoler les affligés ; pardonner les offenses ; supporter patiemment les personnes ennuyeuses ; prier Dieu pour les vivants et les morts. Pensons aux quatre premières œuvres de miséricorde spirituelle : n'ont-elles pas à voir, au fond, avec ce que nous avons défini comme l'« apostolat de l'oreille » ? Être proche, savoir écouter, conseiller, enseigner avant tout à travers notre témoignage. Dans l'accueil de l'exclu qui est blessé dans son corps, et dans l'accueil du pécheur qui est blessé dans son âme, se joue notre crédibilité en tant que chrétiens. Souvenons-nous toujours des mots de saint Jean de la Croix : « Au soir de notre vie, nous serons jugés sur l'amour. »

ANNEXE

Misericordiae Vultus

Bulle d'indiction
du jubilé extraordinaire
de la Miséricorde

François
évêque de Rome
serviteur des serviteurs de Dieu

à ceux qui liront cette lettre
grâce, miséricorde et paix

1. Jésus-Christ est le visage de la miséricorde du Père. Le mystère de la foi chrétienne est là tout entier. Devenue vivante et visible, elle atteint son sommet en Jésus de Nazareth. Le Père, « riche en miséricorde » (Ép., II, 4) après avoir révélé Son nom à Moïse comme « Dieu tendre et miséricordieux, lent à la colère, plein d'amour et de vérité » (Ex., XXXIV, 6) n'a pas cessé de faire connaître Sa nature divine de différentes manières et en de nombreux moments. Lorsqu'est venue la « plénitude des temps » (Gal., IV, 4), quand tout fut

disposé selon Son dessein de salut, il envoya Son Fils né de la Vierge Marie pour nous révéler de façon définitive Son amour. Qui Le voit a vu le Père (cf. Jn, XIV, 9). À travers Sa parole, Ses gestes, et toute Sa personne[1], Jésus de Nazareth révèle la miséricorde de Dieu.

2. Nous avons toujours besoin de contempler le mystère de la miséricorde. Elle est source de joie, de sérénité et de paix. Elle est la condition de notre salut. Miséricorde est le mot qui révèle le mystère de la Sainte-Trinité. La miséricorde, c'est l'acte ultime et suprême par lequel Dieu vient à notre rencontre. La miséricorde, c'est la loi fondamentale qui habite le cœur de chacun lorsqu'il jette un regard sincère sur le frère qu'il rencontre sur le chemin de la vie. La miséricorde, c'est le chemin qui unit Dieu et l'homme, pour qu'il ouvre son cœur à l'espérance d'être aimé pour toujours malgré les limites de notre péché.

3. Il y a des moments où nous sommes appelés de façon encore plus pressante à fixer notre regard sur la miséricorde, afin de devenir nous aussi signe efficace de l'agir du Père. C'est la raison pour laquelle j'ai voulu ce jubilé extraordinaire

1. Cf. Concile œcuménique Vatican II, Const. dogm. *Dei Verbum*, 4.

de la Miséricorde, comme un temps favorable pour l'Église, afin que le témoignage rendu par les croyants soit plus fort et plus efficace.

L'Année sainte s'ouvrira le 8 décembre 2015, solennité de l'Immaculée Conception. Cette fête liturgique montre comment Dieu agit dès le commencement de notre histoire. Après qu'Adam et Ève eurent péché, Dieu n'a pas voulu que l'humanité demeure seule et en proie au mal. C'est pourquoi Marie a été pensée et voulue sainte et immaculée dans l'amour (cf. Ép., I, 4), pour qu'elle devienne la Mère du Rédempteur de l'homme. Face à la gravité du péché, Dieu répond par la plénitude du pardon. La miséricorde sera toujours plus grande que le péché, et nul ne peut imposer une limite à l'amour de Dieu qui pardonne. En cette fête de l'Immaculée Conception, j'aurai la joie d'ouvrir la Porte sainte. En cette occasion, ce sera une Porte de la Miséricorde, où quiconque entrera pourra faire l'expérience de l'amour de Dieu qui console, pardonne, et donne l'espérance.

Le dimanche suivant, troisième de l'Avent, la Porte sainte sera ouverte dans la cathédrale de Rome, la basilique Saint-Jean-de-Latran. Ensuite seront ouvertes les Portes saintes dans les autres basiliques papales. Ce même dimanche, je désire que dans chaque église particulière, dans la cathédrale qui est l'Église mère pour tous les fidèles, ou bien dans la co-cathédrale ou dans une église d'importance particulière, une Porte de la Miséricorde soit également ouverte pendant toute l'Année sainte. Au choix de l'Ordinaire du lieu, elle pourra aussi être ouverte dans les sanctuaires où affluent tant de pèlerins qui, dans ces lieux, ont le cœur touché par la grâce et trouvent le chemin de la conversion. Chaque église particulière est donc directement invitée à vivre cette Année sainte comme un moment extraordinaire de grâce et de renouveau spirituel. Donc, le jubilé sera célébré à Rome, de même que dans les églises particulières, comme signe visible de la communion de toute l'Église.

4. J'ai choisi la date du 8 décembre pour la signification qu'elle revêt dans l'histoire récente de l'Église. Ainsi, j'ouvrirai la Porte sainte pour le cinquantième anniversaire de la conclusion du Concile œcuménique Vatican II. L'Église ressent le besoin de garder vivant cet événement. C'est pour elle que commençait alors une nouvelle étape de son histoire. Les Pères du Concile avaient perçu vivement, tel un souffle de l'Esprit, qu'il fallait parler de Dieu aux hommes de leur temps de façon plus compréhensible. Les murailles qui avaient trop longtemps enfermé l'Église comme

dans une citadelle ayant été abattues, le temps était venu d'annoncer l'Évangile de façon renouvelée. Étape nouvelle pour l'évangélisation de toujours. Engagement nouveau de tous les chrétiens à témoigner avec plus d'enthousiasme et de conviction de leur foi. L'Église se sentait responsable d'être dans le monde le signe vivant de l'amour du Père.

Les paroles riches de sens que saint Jean XXIII a prononcées à l'ouverture du Concile pour montrer le chemin à parcourir reviennent en mémoire : « Aujourd'hui, l'Épouse du Christ, l'Église, préfère recourir au remède de la miséricorde plutôt que de brandir les armes de la sévérité… L'Église catholique, en brandissant le flambeau de la vérité religieuse, veut se montrer la mère très aimante de tous, bienveillante, patiente, pleine d'indulgence et de bonté à l'égard de ses fils séparés[1]. » Dans la même perspective, lors de la conclusion du Concile, le bienheureux Paul VI s'exprimait ainsi : « Nous voulons plutôt souligner que la règle de notre Concile a été avant tout la charité… La vieille histoire du bon Samaritain a été le modèle et la

1. Jean XXIII, *Discours d'ouverture du Concile œcuménique Vatican II, Gaudet Mater Ecclesia*, 11 octobre 1962, 2-3.

règle de la spiritualité du Concile… Un courant d'affection et d'admiration a débordé du Concile sur le monde humain moderne. Des erreurs ont été dénoncées. Oui, parce que c'est l'exigence de la charité comme de la vérité mais, à l'adresse des personnes, il n'y eut que rappel, respect et amour. Au lieu de diagnostics déprimants, des remèdes encourageants ; au lieu de présages funestes, des messages de confiance sont partis du Concile vers le monde contemporain : ses valeurs ont été non seulement respectées, mais honorées ; ses efforts soutenus, ses aspirations purifiées et bénies… toute cette richesse doctrinale ne vise qu'à une chose : servir l'homme. Il s'agit, bien entendu, de tout homme, quels que soient sa condition, sa misère et ses besoins[1]. »

Animés par des sentiments de gratitude pour tout ce que l'Église a reçu, et conscients de la responsabilité qui est la nôtre, nous passerons la Porte sainte sûrs d'être accompagnés par la force du Seigneur ressuscité qui continue de soutenir notre pèlerinage.. Que l'Esprit saint qui guide les pas des croyants pour coopérer à l'œuvre du salut apporté par le Christ conduise et soutienne

1. Paul VI, *Discours de clôture du Concile œcuménique Vatican II*, 7 décembre 1965.

le Peuple de Dieu pour l'aider à contempler le visage de la miséricorde[1].

5. C'est le 20 novembre 2016, en la solennité liturgique du Christ, Roi de l'univers, que sera conclue l'Année jubilaire. En refermant la Porte sainte ce jour-là, nous serons animés de sentiments de gratitude et d'action de grâce envers la Sainte-Trinité qui nous aura donné de vivre ce temps extraordinaire de grâce. Nous confierons la vie de l'Église, l'humanité entière et tout le cosmos à la Seigneurie du Christ, pour qu'il répande sa miséricorde telle la rosée du matin, pour une histoire féconde à construire moyennant l'engagement de tous au service de notre proche avenir. Combien je désire que les années à venir soient comme imprégnées de miséricorde pour aller à la rencontre de chacun en lui offrant la bonté et la tendresse de Dieu ! Qu'à tous, croyants ou loin de la foi, puisse parvenir le baume de la miséricorde comme signe du règne de Dieu déjà présent au milieu de nous.

6. « La miséricorde est le propre de Dieu dont la toute-puissance consiste justement à faire

---

1. Cf. Concile œcuménique Vatican II, Const. dogm. *Lumen gentium*, 16 ; Const. past. *Gaudium et spes*, 15.

miséricorde[1]. » Ces paroles de saint Thomas d'Aquin montrent que la miséricorde n'est pas un signe de faiblesse, mais bien l'expression de la toute-puissance de Dieu. C'est pourquoi une des plus antiques collectes de la liturgie nous fait prier ainsi : « Dieu qui donnes la preuve suprême de Ta puissance lorsque Tu patientes et prends pitié[2]. » Dieu sera toujours dans l'histoire de l'humanité comme Celui qui est présent, proche, prévenant, saint et miséricordieux.

« Patient et miséricordieux », tel est le binôme qui parcourt l'Ancien Testament pour exprimer la nature de Dieu. Sa miséricorde se manifeste concrètement à l'intérieur de tant d'événements de l'histoire du salut où Sa bonté prend le pas sur la punition ou la destruction. D'une façon particulière, les Psaumes font apparaître cette grandeur de l'agir divin : « Car il pardonne toutes tes offenses et te guérit de toute maladie ; il réclame ta vie à la tombe et te couronne d'amour et de tendresse » (Ps., CII, 3-4). D'une

1. Saint Thomas d'Aquin, *Somme théologique,* II-II, q. 30, a. 4.

2. Prière d'ouverture du XXVIe dimanche du Temps ordinaire. Cette prière apparaît dès le VIIIe siècle dans les textes eucologiques du *Sacramentaire gélasien*, 1198.

façon encore plus explicite, un autre psaume énonce les signes concrets de la miséricorde : « Il fait justice aux opprimés ; aux affamés, il donne le pain ; le Seigneur délie les enchaînés. Le Seigneur ouvre les yeux des aveugles, le Seigneur redresse les accablés, le Seigneur aime les justes, le Seigneur protège l'étranger. Il soutient la veuve et l'orphelin, il égare les pas du méchant » (Ps., CXLV, 7-9). Voici enfin une autre expression du psalmiste : « [Le Seigneur] guérit les cœurs brisés et soigne leurs blessures... Le Seigneur élève les humbles et rabaisse jusqu'à terre les impies » (Ps., CXLVI, 3.6). En bref, la miséricorde de Dieu n'est pas une idée abstraite, mais une réalité concrète à travers laquelle Il révèle son amour comme celui d'un père et d'une mère qui se laissent émouvoir au plus profond d'eux-mêmes par leur fils. Il est juste de parler d'un amour « viscéral ». Il vient du cœur comme un sentiment profond, naturel, fait de tendresse et de compassion, d'indulgence et de pardon.

7. « Éternel est son amour » : c'est le refrain qui revient à chaque verset du psaume CXXXV dans le récit de l'histoire de la révélation de Dieu. En raison de la miséricorde, tous les événements de l'Ancien Testament sont riches d'une grande valeur salvifique. La miséricorde fait de l'histoire

de Dieu avec Israël une histoire du salut. Répéter sans cesse : « Éternel est son amour » comme le fait le psaume semble vouloir briser le cercle de l'espace et du temps pour tout inscrire dans le mystère éternel de l'amour. C'est comme si l'on voulait dire que non seulement dans l'histoire, mais aussi dans l'éternité, l'homme sera toujours sous le regard miséricordieux du Père. Ce n'est pas par hasard que le peuple d'Israël a voulu intégrer ce psaume, le « grand *hallel* » comme on l'appelle, dans les fêtes liturgiques les plus importantes.

Avant la Passion, Jésus a prié avec ce psaume de la miséricorde. C'est ce qu'atteste l'évangéliste Matthieu quand il dit qu'« après avoir chanté les Psaumes » (Mt., XXVI 30), Jésus et Ses disciples sortirent en direction du mont des Oliviers. Lorsqu'Il instituait l'Eucharistie, mémorial pour toujours de Sa Pâque, Il établissait symboliquement cet acte suprême de la Révélation dans la lumière de la miséricorde. Sur ce même horizon de la miséricorde, Jésus vivait Sa passion et Sa mort, conscient du grand mystère d'amour qui s'accomplissait sur la croix. Savoir que Jésus Lui-même a prié avec ce psaume le rend encore plus important pour nous chrétiens, et nous appelle à en faire le refrain de notre prière quotidienne de louange : « Éternel est son amour. »

8. Le regard fixé sur Jésus et Son visage miséricordieux, nous pouvons accueillir l'amour de la Sainte-Trinité. La mission que Jésus a reçue du Père a été de révéler le mystère de l'amour divin dans sa plénitude. L'évangéliste Jean affirme pour la première et unique fois dans toute l'Écriture : « Dieu est amour » (Jn, IV, 8.16). Cet amour est désormais rendu visible et tangible dans toute la vie de Jésus. Sa personne n'est rien d'autre qu'amour, un amour qui se donne gratuitement. Les relations avec les personnes qui s'approchent de Lui ont quelque chose d'unique et de singulier. Les signes qu'Il accomplit, surtout envers les pécheurs, les pauvres, les exclus, les malades et les souffrants, sont marqués par la miséricorde. Tout en Lui parle de miséricorde. Rien en Lui ne manque de compassion.

Face à la multitude qui Le suivait, Jésus, voyant qu'ils étaient fatigués et épuisés, égarés et sans berger, éprouva au plus profond de Son cœur une grande compassion pour eux (cf. Mt., IX, 36). En raison de cet amour de compassion, Il guérit les malades qu'on Lui présentait (cf. Mt., XIV, 14), et Il rassasia une grande foule avec peu de pains et de poissons (cf. Mt., XV, 37). Ce qui animait Jésus en toute circonstance n'était rien d'autre que la miséricorde avec laquelle Il lisait dans le cœur de Ses interlocuteurs et répondait à leurs besoins les plus profonds. Lorsqu'Il rencontra la veuve de Naïm qui emmenait son fils unique au tombeau, Il éprouva une profonde compassion pour la douleur immense de cette mère en pleurs, et Il lui redonna son fils, le ressuscitant de la mort (cf. Lc, VII, 15). Après avoir libéré le possédé de Gerasa, Il lui donna cette mission : « Annonce tout ce que le Seigneur a fait pour toi dans sa miséricorde » (Mc, V, 19). L'appel de Matthieu est lui aussi inscrit sur l'horizon de la miséricorde. Passant devant le comptoir des impôts, Jésus regarda Matthieu dans les yeux. C'était un regard riche de miséricorde qui pardonnait les péchés de cet homme, et surmontant les résistances des autres disciples, Il le choisit, lui, le pécheur et le publicain, pour devenir l'un des Douze. Commentant cette scène de l'Évangile, saint Bède le Vénérable a écrit que Jésus regarda Matthieu avec un amour miséricordieux, et le choisit : *miserando atque eligendo*[1]. Cette expression m'a toujours impressionné, au point d'en faire ma devise.

---

1. Cf. *Hom.* 21 : *CCL* 122, 149-151.

9. Dans les paraboles de la miséricorde, Jésus révèle la nature de Dieu comme celle d'un Père qui ne s'avoue jamais vaincu jusqu'à ce qu'Il ait absous le péché et vaincu le refus, par la compassion et la miséricorde. Nous connaissons ces paraboles, trois en particulier : celle de la brebis égarée, celle de la pièce de monnaie perdue, et celle du père et des deux fils (cf. Lc, XV, 1-32). Dans ces paraboles, Dieu est toujours présenté comme rempli de joie, surtout quand Il pardonne. Nous y trouvons le noyau de l'Évangile et de notre foi, car la miséricorde y est présentée comme la force victorieuse de tout, qui remplit le cœur d'amour, et qui console en pardonnant.

Dans une autre parabole, nous recevons un enseignement pour notre manière de vivre en chrétiens. Interpellé par la question de Pierre Lui demandant combien de fois il fallait pardonner, Jésus répondit : « Je ne te dis pas jusqu'à sept fois, mais jusqu'à soixante-dix fois sept fois » (Mt., XVIII, 22). Il raconte ensuite la parabole du « débiteur sans pitié ». Appelé par son maître à rendre une somme importante, il le supplie à genoux et le maître lui remet sa dette. Tout de suite après, il rencontre un autre serviteur qui lui devait quelques centimes. Celui-ci le supplia à genoux d'avoir pitié, mais il refusa et le fit emprisonner. Ayant appris la chose, le maître se mit en colère et rappela le serviteur pour lui dire : « Ne devais-tu pas, à ton tour, avoir pitié de ton compagnon, comme moi-même j'avais eu pitié de toi ? » (Mt., XVIII, 33). Et Jésus conclut : « C'est ainsi que mon Père du ciel vous traitera, si chacun de vous ne pardonne pas à son frère du fond du cœur » (Mt., XVIII, 35).

La parabole est d'un grand enseignement pour chacun de nous. Jésus affirme que la miséricorde n'est pas seulement l'agir du Père, mais elle devient le critère pour comprendre qui sont Ses véritables enfants. En résumé, nous sommes invités à vivre de miséricorde parce qu'il nous a d'abord été fait miséricorde. Le pardon des offenses devient l'expression la plus manifeste de l'amour miséricordieux, et pour nous chrétiens, c'est un impératif auquel nous ne pouvons pas nous soustraire. Bien souvent, il nous semble difficile de pardonner ! Cependant, le pardon est le moyen déposé dans nos mains fragiles pour atteindre la paix du cœur. Se défaire de la rancœur, de la colère, de la violence et de la vengeance, est la condition nécessaire pour vivre heureux. Accueillons donc la demande de l'apôtre : « Que le soleil ne se couche pas sur votre colère » (Ép., IV, 26). Écoutons surtout la parole de Jésus qui a établi la miséricorde comme idéal de vie, et comme critère de crédibilité de notre foi : « Heureux les miséricordieux, car ils obtiendront miséricorde » (Mt., V, 7). C'est la béatitude qui doit susciter notre engagement tout particulier en cette Année sainte.

Comme on peut le remarquer, la miséricorde est, dans l'Écriture, le mot-clé pour indiquer l'agir de Dieu envers nous. Son amour n'est pas seulement affirmé, mais il est rendu visible et tangible. D'ailleurs, l'amour ne peut jamais être un mot abstrait. Par nature, il est vie concrète : intentions, attitudes, comportements qui se vérifient dans l'agir quotidien. La miséricorde de Dieu est Sa responsabilité envers nous. Il se sent responsable, c'est-à-dire qu'Il veut notre bien et nous voir heureux, remplis de joie et de paix. L'amour miséricordieux des chrétiens doit être sur la même longueur d'onde. Comme le Père aime, ainsi aiment les enfants. Comme Il est miséricordieux, ainsi sommes-nous appelés à être miséricordieux les uns envers les autres.

10. La miséricorde est le pilier qui soutient la vie de l'Église. Dans son action pastorale, tout devrait être enveloppé de la tendresse par laquelle on s'adresse aux croyants. Dans son annonce et le témoignage qu'elle donne face au monde, rien

ne peut être privé de miséricorde. La crédibilité de l'Église passe par le chemin de l'amour miséricordieux et de la compassion. L'Église « vit un désir inépuisable d'offrir la miséricorde[1] ». Peut-être avons-nous parfois oublié de montrer et de vivre le chemin de la miséricorde. D'une part, la tentation d'exiger toujours et seulement la justice a fait oublier qu'elle n'est qu'un premier pas, nécessaire et indispensable, mais que l'Église doit aller au-delà pour atteindre un but plus haut et plus significatif. D'autre part, il est triste de voir combien l'expérience du pardon est toujours plus rare dans notre culture. Même le mot semble parfois disparaître. Sans le témoignage du pardon, il n'y a qu'une vie inféconde et stérile, comme si l'on vivait dans un désert. Le temps est venu pour l'Église de retrouver la joyeuse annonce du pardon. Il est temps de revenir à l'essentiel pour se charger des faiblesses et des difficultés de nos frères. Le pardon est une force qui ressuscite en vie nouvelle et donne le courage pour regarder l'avenir avec espérance.

11. Nous ne pouvons pas oublier le grand enseignement que saint Jean-Paul II nous a donné dans sa deuxième encyclique *Dives in misericordia*, qui

1. Exhortation apostolique *Evangelii gaudium*, 24.

arriva à l'époque de façon inattendue et provoqua beaucoup de surprise en raison du thème abordé. Je voudrais revenir plus particulièrement sur deux expressions. Tout d'abord le saint pape remarque l'oubli du thème de la miséricorde dans la culture actuelle : « La mentalité contemporaine semble s'opposer au Dieu de miséricorde, et elle tend à éliminer de la vie et à ôter du cœur humain la notion même de miséricorde. Le mot et l'idée de miséricorde semblent mettre mal à l'aise l'homme qui, grâce à un développement scientifique et technique inconnu jusqu'ici, est devenu maître de la terre qu'il a soumise et dominée (cf. Gen., I, 28). Cette domination de la terre, entendue parfois de façon unilatérale et superficielle, ne laisse pas de place, semble-t-il, à la miséricorde… Et c'est pourquoi, dans la situation actuelle de l'Église et du monde, bien des hommes et bien des milieux, guidés par un sens aigu de la foi, s'adressent, je dirais quasi spontanément, à la miséricorde de Dieu[1]. »

C'est ainsi que saint Jean-Paul II justifiait l'urgence de l'annonce et du témoignage à l'égard de la miséricorde dans le monde contemporain : « Il est dicté par l'amour envers l'homme, envers

1. *Ibid.*

tout ce qui est humain, et qui, selon l'intuition d'une grande partie des hommes de ce temps, est menacé par un péril immense. Le mystère du Christ… m'a poussé à rappeler dans l'encyclique *Redemptor Hominis* Sa dignité incomparable, m'oblige aussi à proclamer la miséricorde en tant qu'amour miséricordieux de Dieu révélé dans ce mystère. Il me conduit également à en appeler à cette miséricorde et à l'implorer dans cette phase difficile et critique de l'histoire de l'Église et du monde[1]. » Son enseignement demeure plus que jamais d'actualité et mérite d'être repris en cette Année sainte. Recevons ses paroles de façon renouvelée : « L'Église vit d'une vie authentique lorsqu'elle professe et proclame la Miséricorde, attribut le plus admirable du Créateur et du Rédempteur, et lorsqu'elle conduit les hommes aux sources de la Miséricorde du Sauveur, dont elle est la dépositaire et la dispensatrice[2]. »

12. L'Église a pour mission d'annoncer la miséricorde de Dieu, cœur battant de l'Évangile, qu'elle doit faire parvenir au cœur et à l'esprit de tous. L'Épouse du Christ adopte l'attitude du Fils de Dieu qui va à la rencontre de tous, sans exclure

1. Lettre encyclique *Dives in misericordia*, 15.
2. *Ibid.*, 13.

personne. De nos jours où l'Église est engagée dans la nouvelle évangélisation, le thème de la miséricorde doit être proposé avec un enthousiasme nouveau et à travers une pastorale renouvelée. Il est déterminant pour l'Église et pour la crédibilité de son annonce de vivre et de témoigner elle-même de la miséricorde. Son langage et ses gestes doivent transmettre la miséricorde pour pénétrer le cœur des personnes et les inciter à retrouver le chemin du retour au Père.

La vérité première de l'Église est l'amour du Christ. L'Église se fait servante et médiatrice de cet amour qui va jusqu'au pardon et au don de soi. En conséquence, là où l'Église est présente, la miséricorde du Père doit être manifeste. Dans nos paroisses, les communautés, les associations et les mouvements, en bref, là où il y a des chrétiens, chacun doit pouvoir trouver une oasis de miséricorde.

13. Nous voulons vivre cette Année jubilaire à la lumière de la parole du Seigneur : « Miséricordieux comme le Père. » L'évangéliste rapporte l'enseignement du Christ qui dit : « Soyez miséricordieux comme votre Père est miséricordieux » (Lc, VI, 36). C'est un programme de vie aussi exigeant que riche de joie et de paix. Le commandement de Jésus s'adresse à ceux qui écoutent Sa

voix (cf. Lc, VI, 27). Pour être capable de miséricorde, il nous faut donc d'abord nous mettre à l'écoute de la Parole de Dieu. Cela veut dire qu'il nous faut retrouver la valeur du silence pour méditer la Parole qui nous est adressée. C'est ainsi qu'il est possible de contempler la miséricorde de Dieu et d'en faire notre style de vie.

14. Le *pèlerinage* est un signe particulier de l'Année sainte : il est l'image du chemin que chacun parcourt au long de son existence. La vie est un pèlerinage, et l'être humain un *viator*, un pèlerin qui parcourt un chemin jusqu'au but désiré. Pour passer la Porte sainte à Rome, et en tous lieux, chacun devra, selon ses forces, faire un pèlerinage. Ce sera le signe que la miséricorde est un but à atteindre, qui demande engagement et sacrifice. Que le pèlerinage stimule notre conversion : en passant la Porte sainte, nous nous laisserons embrasser par la miséricorde de Dieu, et nous nous engagerons à être miséricordieux avec les autres comme le Père l'est avec nous.

Le Seigneur Jésus nous montre les étapes du pèlerinage à travers lequel nous pouvons atteindre ce but : « Ne jugez pas, et vous ne serez pas jugés ; ne condamnez pas, et vous ne serez pas condamnés. Pardonnez, et vous serez pardonnés. Donnez, et l'on vous donnera : c'est une mesure bien pleine, tassée, secouée, débordante, qui sera versée dans le pan de votre vêtement ; car la mesure dont vous vous servez pour les autres servira de mesure aussi pour vous » (Lc, VI, 37-38). Il nous est dit, d'abord, de ne pas juger, et de ne pas condamner. Si l'on ne veut pas être exposé au jugement de Dieu, personne ne doit devenir juge de son frère. De fait, en jugeant, les hommes s'arrêtent à ce qui est superficiel, tandis que le Père regarde les cœurs. Que de mal les paroles ne font-elles pas lorsqu'elles sont animées par des sentiments de jalousie ou d'envie ! Mal parler du frère en son absence, c'est le mettre sous un faux jour, c'est compromettre sa réputation et l'abandonner aux ragots. Ne pas juger et ne pas condamner signifie, de façon positive, savoir accueillir ce qu'il y a de bon en toute personne et ne pas permettre qu'elle ait à souffrir de notre jugement partiel et de notre prétention à tout savoir. Ceci n'est pas encore suffisant pour exprimer ce qu'est la miséricorde. Jésus demande aussi de *pardonner* et de *donner*, d'être instruments du pardon puisque nous l'avons déjà reçu de Dieu, d'être généreux à l'égard de tous en sachant que Dieu étend aussi Sa bonté pour nous avec grande magnanimité.

Miséricordieux comme le Père, c'est donc la « devise » de l'Année sainte. Dans la miséricorde, nous avons la preuve de la façon dont Dieu aime. Il se donne tout entier, pour toujours, gratuitement, et sans rien demander en retour. Il vient à notre secours lorsque nous L'invoquons. Il est beau que la prière quotidienne de l'Église commence avec ces paroles : « Mon Dieu, viens me délivrer ; Seigneur, viens vite à mon secours » (Ps., LXIX, 2). L'aide que nous implorons est déjà le premier pas de la miséricorde de Dieu à notre égard. Il vient nous sauver de la condition de faiblesse dans laquelle nous vivons. Son aide consiste à rendre accessibles Sa présence et Sa proximité. Touchés jour après jour par Sa compassion, nous pouvons nous aussi devenir compatissants envers tous.

15. Au cours de cette Année sainte, nous pourrons faire l'expérience d'ouvrir le cœur à ceux qui vivent dans les périphéries existentielles les plus différentes, que le monde moderne a souvent créées de façon dramatique. Combien de situations de précarité et de souffrance n'existent-elles pas dans le monde d'aujourd'hui ! Combien de blessures ne sont-elles pas imprimées dans la chair de ceux qui n'ont plus de voix parce que leur cri s'est évanoui et s'est tu à cause de

l'indifférence des peuples riches ! Au cours de ce jubilé, l'Église sera encore davantage appelée à se pencher sur ces blessures, à les soulager avec l'huile de la consolation, à les panser avec la miséricorde et à les soigner par la solidarité et l'attention. Ne tombons pas dans l'indifférence qui humilie, dans l'habitude qui anesthésie l'âme et empêche de découvrir la nouveauté, dans le cynisme destructeur. Ouvrons nos yeux pour voir les misères du monde, les blessures de tant de frères et sœurs privés de dignité, et sentons-nous appelés à entendre leur cri qui appelle à l'aide. Que nos mains serrent leurs mains et les attirent vers nous afin qu'ils sentent la chaleur de notre présence, de l'amitié et de la fraternité. Que leur cri devienne le nôtre et qu'ensemble, nous puissions briser la barrière d'indifférence qui règne souvent en souveraine pour cacher l'hypocrisie et l'égoïsme.

J'ai un grand désir que le peuple chrétien réfléchisse durant le jubilé sur les œuvres de miséricorde corporelles et spirituelles. Ce sera une façon de réveiller notre conscience souvent endormie face au drame de la pauvreté, et de pénétrer toujours davantage le cœur de l'Évangile, où les pauvres sont les destinataires privilégiés de la miséricorde divine. La prédication de Jésus nous dresse le tableau de ces œuvres de miséricorde, pour que nous puissions comprendre si nous vivons, oui ou non, comme ses disciples. Redécouvrons les œuvres de miséricorde corporelles : donner à manger aux affamés, donner à boire à ceux qui ont soif, vêtir ceux qui sont nus, accueillir les étrangers, assister les malades, visiter les prisonniers, ensevelir les morts. Et n'oublions pas les œuvres de miséricorde spirituelles : conseiller ceux qui sont dans le doute, enseigner les ignorants, avertir les pécheurs, consoler les affligés, pardonner les offenses, supporter patiemment les personnes ennuyeuses, prier Dieu pour les vivants et pour les morts.

Nous ne pouvons pas échapper aux paroles du Seigneur et c'est sur elles que nous serons jugés : aurons-nous donné à manger à qui a faim et à boire à qui a soif ? Aurons-nous accueilli l'étranger et vêtu celui qui était nu ? Aurons-nous pris le temps de demeurer auprès de celui qui est malade et prisonnier (cf. Mt., XXV, 31-45) ? De même, il nous sera demandé si nous avons aidé à sortir du doute qui engendre la peur, et bien souvent la solitude ; si nous avons été capables de vaincre l'ignorance dans laquelle vivent des millions de personnes, surtout des enfants privés de l'aide nécessaire pour être libérés de la pauvreté, si nous nous sommes faits proches de celui qui est seul et affligé ; si nous avons pardonné à celui qui nous offense, si nous avons rejeté toute forme de rancœur et de haine qui porte à la violence, si nous avons été patients à l'image de Dieu qui est si patient envers nous ; si, enfin, nous avons confié au Seigneur, dans la prière, nos frères et sœurs. C'est dans chacun de ces « plus petits » que le Christ est présent. Sa chair devient de nouveau visible en tant que corps torturé, blessé, flagellé, affamé, égaré… pour être reconnu par nous, touché et assisté avec soin. N'oublions pas les paroles de saint Jean de la Croix : « Au soir de notre vie, nous serons jugés sur l'amour[1]. »

16. Dans l'Évangile de Luc, nous trouvons un autre aspect important pour vivre avec foi ce jubilé. L'évangéliste raconte qu'un jour de sabbat, Jésus retourna à Nazareth, et comme il avait l'habitude de le faire, il entra dans la synagogue. On l'appela pour lire l'Écriture et la commenter. C'était le passage du prophète Isaïe où il est écrit : « L'esprit du Seigneur Dieu est sur moi parce que le Seigneur m'a consacré par l'onction. Il m'a envoyé annoncer la bonne nouvelle aux humbles, guérir ceux qui ont le cœur brisé, proclamer aux

1. *Avis et Sentences spirituelles*, § 56.

captifs leur délivrance, aux prisonniers leur libération, proclamer une année de bienfaits accordée par le Seigneur » (Is., LXI, 1-2). « Une année de bienfaits » : c'est ce que le Seigneur annonce et que nous voulons vivre. Que cette Année sainte expose la richesse de la mission de Jésus qui résonne dans les paroles du Prophète : dire une parole et faire un geste de consolation envers les pauvres, annoncer la libération de ceux qui sont esclaves dans les nouvelles prisons de la société moderne, redonner la vue à qui n'est plus capable de voir car recroquevillé sur lui-même, redonner la dignité à ceux qui en sont privés. Que la prédication de Jésus soit de nouveau visible dans les réponses de foi que les chrétiens sont amenés à donner par leur témoignage. Que les paroles de l'apôtre nous accompagnent : « Celui qui pratique la miséricorde, qu'il ait le sourire » (Rom., XII, 8).

17. Puisse le carême de cette Année jubilaire être vécu plus intensément comme un temps fort pour célébrer et expérimenter la miséricorde de Dieu. Combien de pages de l'Écriture peuvent être méditées pendant les semaines du carême, pour redécouvrir le visage miséricordieux du Père ! Nous pouvons nous aussi répéter avec Michée : « Toi, Seigneur, tu es un Dieu qui effaces l'iniquité et pardonnes le péché. De nouveau, Tu

nous montreras ta miséricorde, tu fouleras aux pieds nos crimes, tu jetteras au fond de la mer tous nos péchés ! » (Mich., VII, 18-19).

Ces pages du prophète Isaïe pourront être méditées plus concrètement en ce temps de prière, de jeûne et de charité : « Le jeûne qui me plaît, n'est-ce pas ceci : faire tomber les chaînes injustes, délier les attaches du joug, rendre la liberté aux opprimés, briser tous les jougs ? N'est-ce pas partager ton pain avec celui qui a faim, accueillir chez toi les pauvres sans abri, couvrir celui que tu verras sans vêtement, ne pas te dérober à ton semblable ? Alors ta lumière jaillira comme l'aurore, et tes forces reviendront vite. Devant toi marchera ta justice, et la gloire du Seigneur fermera la marche. Alors, si tu appelles, le Seigneur répondra ; si tu cries, il dira : "Me voici." Si tu fais disparaître de chez toi le joug, le geste accusateur, la parole malfaisante, si tu donnes à celui qui a faim ce que toi tu désires, et si tu combles les désirs du malheureux, ta lumière se lèvera dans les ténèbres et ton obscurité sera lumière de midi. Le Seigneur sera toujours ton guide. En plein désert, il comblera tes désirs et te rendra vigueur. Tu seras comme un jardin bien irrigué, comme une source où les eaux ne manquent jamais » (Is., LVIII, 6-11).

L'initiative appelée « 24 heures pour le Seigneur » du vendredi et samedi qui précèdent le IVe dimanche de carême doit monter en puissance dans les diocèses. Tant de personnes se sont de nouveau approchées du sacrement de Réconciliation, et parmi elles de nombreux jeunes, qui retrouvent ainsi le chemin pour revenir au Seigneur, pour vivre un moment de prière intense, et redécouvrir le sens de leur vie. Avec conviction, remettons au centre le sacrement de la Réconciliation, puisqu'il donne à toucher de nos mains la grandeur de la miséricorde. Pour chaque pénitent, ce sera la source d'une paix intérieure.

Je ne me lasserai jamais d'insister pour que les confesseurs soient un véritable signe de la miséricorde du Père. On ne s'improvise pas confesseur. On le devient en se faisant d'abord pénitent en quête de pardon. N'oublions jamais qu'être confesseur, c'est participer à la mission de Jésus d'être signe concret de la continuité d'un amour divin qui pardonne et qui sauve. Chacun de nous a reçu le don de l'Esprit saint pour le pardon des péchés, nous en sommes responsables. Nul d'entre nous n'est maître du sacrement, mais un serviteur fidèle du pardon de Dieu. Chaque confesseur doit accueillir les fidèles comme le père de la parabole du fils prodigue : un père qui court à la rencontre du fils bien qu'il ait dissipé tous ses biens. Les confesseurs sont appelés à serrer contre eux ce fils repentant qui revient à la maison, et à exprimer la joie de l'avoir retrouvé. Ils ne se lasseront pas non plus d'aller vers l'autre fils resté dehors et incapable de se réjouir, pour lui faire comprendre que son jugement est sévère et injuste, et n'a pas de sens face à la miséricorde du Père qui n'a pas de limite. Ils ne poseront pas de questions impertinentes, mais comme le père de la parabole, ils interrompront le discours préparé par le fils prodigue, parce qu'ils sauront accueillir dans le cœur du pénitent l'appel à l'aide et la demande de pardon. En résumé, les confesseurs sont appelés, toujours, partout et en toutes situations, à être le signe du primat de la miséricorde.

18. Au cours du carême de cette Année sainte, j'ai l'intention d'envoyer les Missionnaires de la Miséricorde. Ils seront le signe de la sollicitude maternelle de l'Église à l'égard du Peuple de Dieu, pour qu'il entre en profondeur dans la richesse de ce mystère aussi fondamental pour la foi. Ce seront des prêtres à qui j'aurai donné l'autorité pour pardonner aussi les péchés qui sont réservés au Siège apostolique, afin de rendre explicite l'étendue de leur mandat. Ils seront surtout signe vivant de la façon dont le Père accueille

ceux qui sont à la recherche de Son pardon. Ils seront des missionnaires de la miséricorde car ils se feront auprès de tous l'instrument d'une rencontre riche en humanité, source de libération, lourde de responsabilité afin de dépasser les obstacles à la reprise de la vie nouvelle du baptême. Dans leur mission, ils se laisseront guider par la parole de l'apôtre : « Dieu, en effet, a enfermé tous les hommes dans le refus de croire pour faire à tous miséricorde » (Rom., XI, 32). De fait, tous, sans exclusion, sont invités à accueillir l'appel à la miséricorde. Que les missionnaires vivent cet appel en fixant le regard sur Jésus, « Grand-Prêtre miséricordieux et digne de foi » (Hébr., II, 17).

Je demande à mes frères évêques d'inviter et d'accueillir ces Missionnaires, pour qu'ils soient avant tout des prédicateurs convaincants de la miséricorde. Que soient organisées dans les diocèses des « missions vers le peuple », de sorte que ces Missionnaires soient les hérauts de la joie du pardon. Qu'ils célèbrent le sacrement de la Réconciliation pour le peuple, pour que le temps de grâce de l'Année jubilaire permette à de nombreux fils éloignés de retrouver le chemin de la maison paternelle. Que les pasteurs, spécialement pendant le temps fort du Carême, soient invités à appeler les fidèles à s'approcher « vers le Trône de la grâce, pour obtenir miséricorde et recevoir la grâce de son secours » (Hébr., IV, 16).

19. Que puisse parvenir à tous la parole de pardon et que l'invitation à faire l'expérience de la miséricorde ne laisse personne indifférent ! Mon appel à la conversion s'adresse avec plus d'insistance à ceux qui se trouvent éloignés de la grâce de Dieu en raison de leur conduite de vie. Je pense en particulier aux hommes et aux femmes qui font partie d'une organisation criminelle quelle qu'elle soit. Pour votre bien, je vous demande de changer de vie. Je vous le demande au nom du Fils de Dieu qui, combattant le péché, n'a jamais rejeté aucun pécheur. Ne tombez pas dans le terrible piège qui consiste à croire que la vie ne dépend que de l'argent, et qu'à côté, le reste n'aurait ni valeur, ni dignité. Ce n'est qu'une illusion. Nous n'emportons pas notre argent dans l'au-delà. L'argent ne donne pas le vrai bonheur. La violence pour amasser de l'argent qui fait couler le sang ne rend ni puissant ni immortel. Tôt ou tard, le jugement de Dieu viendra, auquel nul ne pourra échapper.

Le même appel s'adresse aux personnes fautives ou complices de corruption. Cette plaie puante de la société est un péché grave qui crie vers le ciel, car il mine jusqu'au fondement de la vie personnelle et sociale. La corruption empêche de regarder l'avenir avec espérance, parce que son arrogance et son avidité anéantissent les projets des faibles et chassent les plus pauvres. C'est un mal qui prend racine dans les gestes quotidiens pour s'étendre jusqu'aux scandales publics. La corruption est un acharnement dans le péché qui entend substituer à Dieu l'illusion de l'argent comme forme de pouvoir. C'est une œuvre des ténèbres, qui s'appuie sur la suspicion et l'intrigue. *Corruptio optimi pessima,* disait avec raison saint Grégoire le Grand, pour montrer que personne n'est exempt de cette tentation. Pour la vaincre dans la vie individuelle et sociale, il faut de la prudence, de la vigilance, de la loyauté, de la transparence, le tout en lien avec le courage de la dénonciation. Si elle n'est pas combattue ouvertement, tôt ou tard on s'en rend complice et elle détruit l'existence.

Voici le moment favorable pour changer de vie ! Voici le temps de se laisser toucher au cœur. Face au mal commis, et même aux crimes graves, voici le moment d'écouter pleurer les innocents dépouillés de leurs biens, de leur dignité, de leur affection, de leur vie même. Rester sur le chemin du mal n'est que source d'illusion et de tristesse. La vraie vie est bien autre chose. Dieu ne se lasse pas de tendre la main. Il est toujours prêt à écouter, et moi aussi je le suis, comme mes frères évêques et prêtres. Il suffit d'accueillir l'appel à la conversion et de se soumettre à la justice, tandis que l'Église offre la miséricorde.

20. Dans ce contexte, il n'est pas inutile de rappeler le rapport entre *justice* et *miséricorde*. Il ne s'agit pas de deux aspects contradictoires, mais de deux dimensions d'une unique réalité qui se développe progressivement jusqu'à atteindre son sommet dans la plénitude de l'amour. La justice est un concept fondamental pour la société civile, quand la référence normale est l'ordre juridique à travers lequel la loi s'applique. La justice veut que chacun reçoive ce qui lui est dû. Il est fait référence de nombreuses fois dans la Bible à la justice divine et à Dieu comme juge. On entend par là l'observance intégrale de la Loi et le comportement de tout bon Israélite conformément aux commandements de Dieu. Cette vision est cependant souvent tombée dans le légalisme, déformant ainsi le sens originel et obscurcissant le sens profond de la justice. Pour dépasser cette perspective légaliste, il faut se rappeler que dans l'Écriture, la justice est essentiellement conçue comme un abandon confiant à la volonté de Dieu.

Pour sa part, Jésus s'exprime plus souvent sur l'importance de la foi que sur l'observance de la loi. C'est en ce sens qu'il nous faut comprendre Ses paroles, lorsqu'à table avec Matthieu et d'autres publicains et pécheurs, Il dit aux pharisiens qui Le critiquent : « Allez apprendre ce que signifie : Je veux la miséricorde, non le sacrifice. En effet, je ne suis pas venu appeler des justes, mais des pécheurs » (Mt., IX, 13). Au lieu d'une vision de la justice comme simple observance de la loi qui divise entre justes et pécheurs, Jésus indique le grand don de la miséricorde qui va à la recherche des pécheurs pour leur offrir le pardon et le salut. On comprend alors pourquoi Jésus fut rejeté par les pharisiens et les docteurs de la loi : à cause de Sa vision libératrice et source de renouveau. Pour être fidèles à la loi, ils posaient des poids sur les épaules des gens, rendant vaine la miséricorde du Père. Le respect de la loi ne peut faire obstacle aux exigences de la dignité humaine.

L'évocation que fait Jésus du prophète Osée – « Je veux la fidélité, non le sacrifice » (VI, 6) – est très significative. Jésus affirme que la règle de vie de ses disciples devra désormais intégrer le primat de la miséricorde, comme Lui-même en a témoigné, partageant Son repas avec les pécheurs. La miséricorde se révèle une nouvelle fois comme une dimension fondamentale de la mission de Jésus. Elle est un véritable défi face à Ses interlocuteurs qui s'arrêtaient au respect formel de la loi. Jésus, au contraire, va au-delà de la loi ; Son partage avec ceux que la loi considérait comme pécheurs fait comprendre jusqu'où va Sa miséricorde.

L'apôtre Paul a parcouru un chemin similaire. Avant de rencontrer le Christ sur le chemin de Damas, il consacrait sa vie à observer de manière irréprochable la justice de la loi (cf. Phil., III, 6). La conversion au Christ l'amena à changer complètement de regard, au point qu'il affirme dans l'Épître aux Galates : « Nous avons cru, nous aussi, au Christ Jésus pour devenir des justes par la foi au Christ, et non par la pratique de la Loi » (Gal., II, 16). Sa compréhension de la justice change radicalement. Paul situe désormais en premier la foi, et non plus la loi. Ce n'est pas l'observance de la loi qui sauve, mais la foi en Jésus-Christ, qui par Sa mort et Sa résurrection, nous a donné la miséricorde qui justifie. La justice de Dieu devient désormais libération pour ceux qui sont esclaves du péché et de toutes ses conséquences. La justice de Dieu est Son pardon (cf. Ps., L, 11-16).

21. La miséricorde n'est pas contraire à la justice, mais illustre le comportement de Dieu envers le pécheur, lui offrant une nouvelle possibilité de se repentir, de se convertir et de croire. Ce qu'a vécu le prophète Osée nous aide à voir le dépassement de la justice par la miséricorde. L'époque de ce prophète est parmi les plus dramatiques de l'histoire du peuple hébreu. Le Royaume est près d'être détruit ; le peuple n'est pas demeuré fidèle à l'alliance, il s'est éloigné de Dieu et a perdu la foi des Pères. Suivant une logique humaine, il est juste que Dieu pense à rejeter le peuple infidèle : il n'a pas été fidèle au pacte, et il mérite donc la peine prévue, c'est-à-dire l'exil. Les paroles du prophète l'attestent : « Il ne retournera pas au pays d'Égypte ; Assour deviendra son roi, car ils ont refusé de revenir à moi » (Os., XI, 5). Cependant, après cette réaction qui se réclame de la justice, le prophète change radicalement son langage et révèle le vrai visage de Dieu : « Mon cœur se retourne contre moi ; en même temps, mes entrailles frémissent. Je n'agirai pas selon l'ardeur de ma colère, je ne détruirai plus Israël, car moi, je suis Dieu, et non pas homme : au milieu de vous je suis le Dieu saint, et je ne viens pas pour exterminer » (Os., XI, 8-9). Commentant les paroles du prophète, saint Augustin écrit : « Il

est plus facile pour Dieu de retenir la colère plutôt que la miséricorde[1]. » C'est exactement ainsi. La colère de Dieu ne dure qu'un instant, et Sa miséricorde est éternelle.

Si Dieu s'arrêtait à la justice, Il cesserait d'être Dieu ; Il serait comme tous les hommes qui invoquent le respect de la loi. La justice seule ne suffit pas et l'expérience montre que faire uniquement appel à elle risque de l'anéantir. C'est ainsi que Dieu va au-delà de la justice avec la miséricorde et le pardon. Cela ne signifie pas dévaluer la justice ou la rendre superflue, au contraire. Qui se trompe devra purger sa peine ; seulement, ce n'est pas là le dernier mot, mais le début de la conversion, en faisant l'expérience de la tendresse du pardon. Dieu ne refuse pas la justice. Il l'intègre et la dépasse dans un événement plus grand dans lequel on fait l'expérience de l'amour, fondement d'une vraie justice. Il nous faut prêter grande attention à ce qu'écrit Paul pour ne pas faire la même erreur que celle que l'apôtre reproche à ses contemporains juifs : « En ne reconnaissant pas la justice qui vient de Dieu, et en cherchant à instaurer leur propre justice, ils ne se sont pas soumis à la justice de Dieu. Car

1. *Enarr. in Ps.*, LXXVI, 11.

l'aboutissement de la Loi, c'est le Christ, afin que soit donnée la justice à toute personne qui croit » (Rom., X, 3-4). Cette justice de Dieu est la miséricorde accordée à tous comme une grâce venant de la mort et de la résurrection de Jésus-Christ. La Croix du Christ est donc le jugement de Dieu sur chacun de nous et sur le monde, puisqu'elle nous donne la certitude de l'amour et de la vie nouvelle.

22. Le jubilé amène la réflexion sur l'*indulgence*. Elle revêt une importance particulière au cours de cette Année sainte. Le pardon de Dieu pour nos péchés n'a pas de limite. Dans la mort et la résurrection de Jésus-Christ, Dieu rend manifeste cet amour qui va jusqu'à détruire le péché des hommes. Il est possible de se laisser réconcilier avec Dieu à travers le mystère pascal et la médiation de l'Église. Dieu est toujours prêt au pardon et ne Se lasse jamais de l'offrir de façon toujours nouvelle et inattendue. Nous faisons tous l'expérience du péché. Nous sommes conscients d'être appelés à la perfection (cf. Mt., V, 48), mais nous ressentons fortement le poids du péché. Quand nous percevons la puissance de la grâce qui nous transforme, nous faisons l'expérience de la force du péché qui nous conditionne. Malgré le pardon, notre vie est marquée par les contradictions

qui sont la conséquence de nos péchés. Dans le sacrement de la Réconciliation, Dieu pardonne les péchés, et ils sont réellement effacés, cependant que demeure l'empreinte négative des péchés dans nos comportements et nos pensées. La miséricorde de Dieu est cependant plus forte que ceci. Elle devient *indulgence* du Père qui rejoint le pécheur pardonné à travers l'Épouse du Christ, et le libère de tout ce qui reste des conséquences du péché, lui donnant d'agir avec charité, de grandir dans l'amour plutôt que de retomber dans le péché.

L'Église vit la communion des saints. Dans l'eucharistie, cette communion, qui est don de Dieu, est rendue présente comme une union spirituelle qui lie les croyants avec les saints et les bienheureux dont le nombre est incalculable (cf. Apoc., VII, 4). Leur sainteté vient au secours de notre fragilité, et la Mère Église est ainsi capable, par sa prière et sa vie, d'aller à la rencontre de la faiblesse des uns avec la sainteté des autres. Vivre l'indulgence de l'Année sainte, c'est s'approcher de la miséricorde du Père, avec la certitude que Son pardon s'étend à toute la vie des croyants. L'indulgence, c'est l'expérience de la sainteté de l'Église qui donne à tous de prendre part au bénéfice de la rédemption du Christ, en faisant en sorte que le pardon parvienne jusqu'aux extrêmes conséquences que rejoint l'amour de Dieu. Vivons intensément le jubilé, en demandant au Père le pardon des péchés et l'étendue de Son indulgence miséricordieuse.

23. La valeur de la miséricorde dépasse les frontières de l'Église. Elle est le lien avec le judaïsme et l'islam qui la considèrent comme un des attributs les plus significatifs de Dieu. Israël a d'abord reçu cette révélation qui demeure dans l'histoire comme le point de départ d'une richesse incommensurable à offrir à toute l'humanité. Nous l'avons vu, les pages de l'Ancien Testament sont imprégnées de miséricorde, puisqu'elles racontent les œuvres accomplies par le Seigneur en faveur de Son peuple dans les moments les plus difficiles de son histoire. L'islam, de son côté, attribue au Créateur les qualificatifs de « miséricordieux » et « clément ». On retrouve souvent ces invocations sur les lèvres des musulmans qui se sentent accompagnés et soutenus par la miséricorde dans leur faiblesse quotidienne. Eux aussi croient que nul ne peut limiter la miséricorde divine car ses portes sont toujours ouvertes.

Que cette Année jubilaire, vécue dans la miséricorde, favorise la rencontre avec ces religions et les autres nobles traditions religieuses. Qu'elle nous rende plus ouverts au dialogue pour mieux nous connaître et nous comprendre. Qu'elle chasse toute forme de fermeture et de mépris. Qu'elle repousse toute forme de violence et de discrimination.

24. Que notre pensée se tourne vers la Mère de la Miséricorde. Que la douceur de Son regard nous accompagne en cette Année sainte, afin que tous puissent redécouvrir la joie de la tendresse de Dieu. Personne n'a connu comme Marie la profondeur du mystère de Dieu fait homme. Sa vie entière fut modelée par la présence de la miséricorde faite chair. La Mère du Crucifié ressuscité est entrée dans le sanctuaire de la miséricorde divine en participant intimement au mystère de Son amour.

Choisie pour être la Mère du Fils de Dieu, Marie fut préparée depuis toujours par l'amour du Père pour être l'Arche de l'Alliance entre Dieu et les hommes. Elle a gardé dans Son cœur la divine miséricorde en parfaite syntonie avec Son Fils Jésus. Son chant de louange, au seuil de la maison d'Élisabeth, fut consacré à la miséricorde qui s'étend « d'âge en âge » (Lc, I, 50). Nous étions nous aussi présents dans ces paroles prophétiques de la Vierge Marie, et ce sera pour nous un réconfort et un soutien lorsque nous franchirons la Porte sainte pour goûter les fruits de la miséricorde divine.

Près de la croix, Marie avec Jean, le disciple de l'amour, est témoin des paroles de pardon qui jaillissent des lèvres de Jésus. Le pardon suprême offert à qui l'a crucifié nous montre jusqu'où peut aller la miséricorde de Dieu. Marie atteste que la miséricorde du Fils de Dieu n'a pas de limite et rejoint tout un chacun sans exclure personne. Adressons-lui l'antique et toujours nouvelle prière du *Salve Regina*, puisqu'Elle ne se lasse jamais de poser sur nous un regard miséricordieux, et nous rend dignes de contempler le visage de la miséricorde, Son Fils Jésus.

Que notre prière s'étende aussi à tant de saints et de bienheureux qui ont fait de la miséricorde la mission de leur vie. Cette pensée s'adresse en particulier à la grande apôtre de la miséricorde, sainte Faustine Kowalska. Elle qui fut appelée à entrer dans les profondeurs de la miséricorde divine, qu'elle intercède pour nous et nous obtienne de vivre et de cheminer toujours dans le pardon de Dieu et dans l'inébranlable confiance en Son amour.

25. Une Année sainte extraordinaire pour vivre dans la vie de chaque jour la miséricorde que le Père répand sur nous depuis toujours. Au cours

de ce jubilé, laissons-nous surprendre par Dieu. Il ne se lasse jamais d'ouvrir la porte de Son cœur pour répéter qu'Il nous aime et qu'Il veut partager Sa vie avec nous. L'Église ressent fortement l'urgence d'annoncer la miséricorde de Dieu. La vie de l'Église est authentique et crédible lorsque la miséricorde est l'objet d'une annonce convaincante. Elle sait que sa mission première, surtout à notre époque toute remplie de grandes espérances et de fortes contradictions, est de faire entrer tout un chacun dans le grand mystère de la miséricorde de Dieu, en contemplant le visage du Christ. L'Église est d'abord appelée à être témoin véridique de la miséricorde, en la professant et en la vivant comme le centre de la Révélation de Jésus-Christ. Du cœur de la Trinité, du plus profond du mystère de Dieu, jaillit et coule sans cesse le grand fleuve de la miséricorde. Cette source ne sera jamais épuisée pour tous ceux qui s'en approcheront. Chaque fois qu'on en aura besoin, on pourra y accéder, parce que la miséricorde de Dieu est sans fin. Autant la profondeur du mystère renfermé est insondable, autant la richesse qui en découle est inépuisable.

Qu'en cette Année jubilaire l'Église fasse écho à la Parole de Dieu qui résonne, forte et convaincante, comme une parole et un geste de pardon, de soutien, d'aide, d'amour. Qu'elle ne se lasse jamais d'offrir la miséricorde et soit toujours patiente pour encourager et pardonner. Que l'Église se fasse la voix de tout homme et de toute femme, et répète avec confiance et sans relâche : « Rappelle-toi, Seigneur, ta tendresse, ton amour qui est de toujours » (Ps., XXV, 6).

Donné à Rome, près de Saint-Pierre, le 11 avril, veille du IIe dimanche de Pâques ou de la Divine Miséricorde, de l'An du Seigneur 2015, le troisième de mon pontificat.

Table

www.laffont.fr
www.presses-renaissance.fr

Imprimé en France par CPI
en décembre 2015

Composition réalisée par Nord Compo

Dépôt légal : janvier 2016
N° d'édition : 55188/01
N° d'impression : 132113